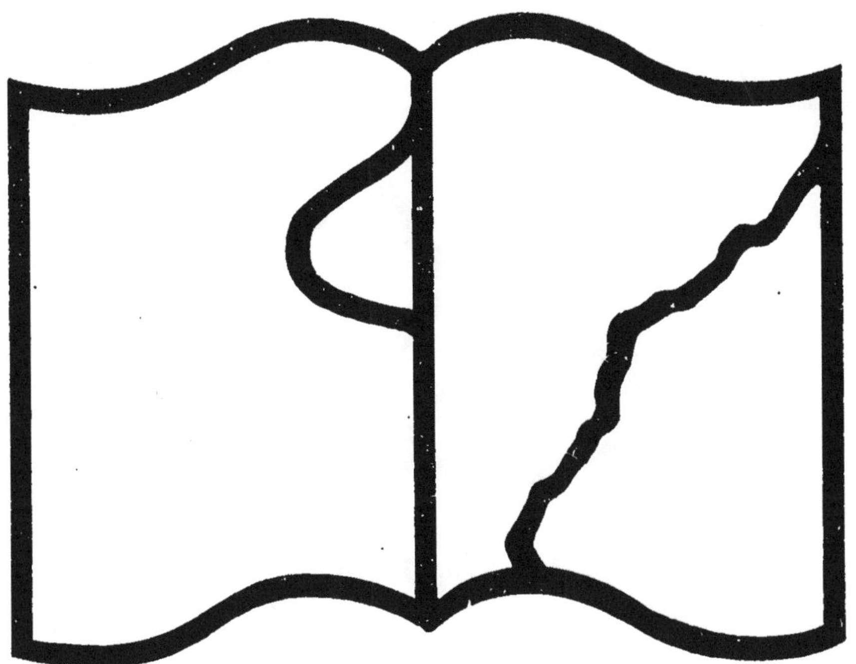

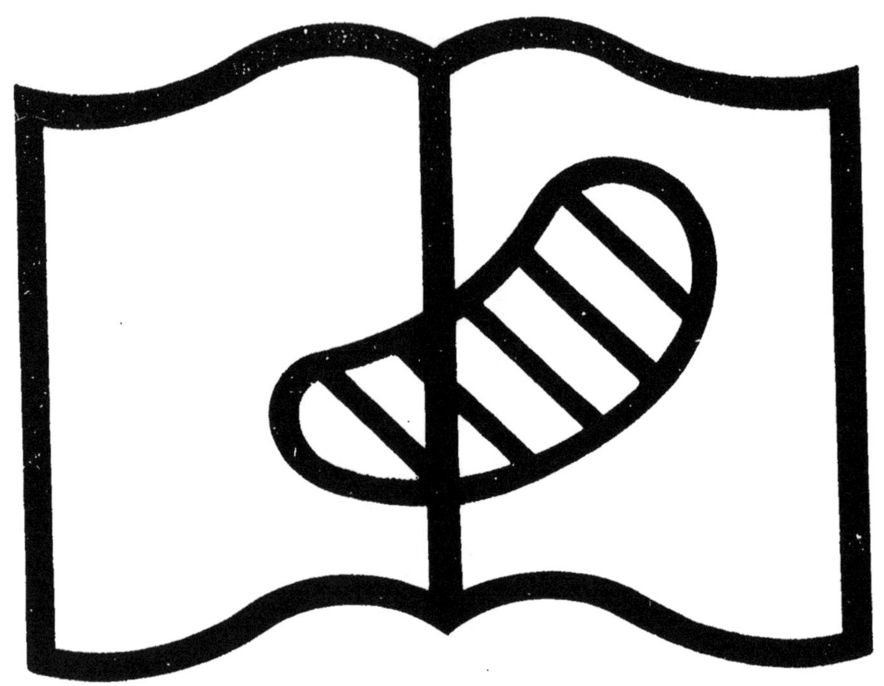

Original illisible

NF Z 43-120-10

Symbole applicable
pour tout,ou partie
des documents microfilmés

Raymond JANOT.

Le rôle de la Femme

DANS

LA SOCIÉTÉ CONTEMPORAINE

PARIS
LIBRAIRIE VICTOR LECOFFRE
RUE BONAPARTE, 90
TOULOUSE
ÉDOUARD PRIVAT, LIBRAIRE-ÉDITEUR, RUE DES ARTS, 14

1904

LE RÔLE DE LA FEMME

DANS LA SOCIÉTÉ CONTEMPORAINE

ARCHEVÊCHÉ DE TOULOUSE

VU ET PERMIS D'IMPRIMER :

Toulouse, le 10 juin 1904.

E.-F. TOUZET, *Vic. gén.*

Raymond JANOT.

Le rôle de la Femme

DANS

LA SOCIÉTÉ CONTEMPORAINE

PARIS
LIBRAIRIE VICTOR LECOFFRE
RUE BONAPARTE, 90
TOULOUSE
ÉDOUARD PRIVAT, LIBRAIRE-ÉDITEUR, RUE DES ARTS, 14

1904

AVANT-PROPOS

Ceci n'est qu'une suite de simples Conférences données aux femmes chrétiennes en mars 1904, dans la paroisse Notre-Dame du Taur, à Toulouse. J'y ai seulement ajouté quelques idées au sujet de l'éducation, idées qu'il aurait été peut-être trop hardi de traiter du haut de la chaire, mais qui trouvent naturellement leur place dans un volume.

Je les publie dans l'espoir que les mères chrétiennes pourront y puiser quelques indications utiles et quelques encouragements à mieux s'acquitter de leur mission. Je n'ignore pas que ces idées, dépouillées de la flamme et de l'émotion que leur conférait la parole vivante, sont exposées à paraître froides et sans attrait; mais les âmes généreuses qui se les assimileront sauront leur communiquer la vie qui leur manque et les élèveront même à une réalité plus intense, en les réduisant en pratique.

Beaucoup de celles qui les ont une première fois reçues du haut de la chaire de vérité aimeront à les retrouver et à y communier de nouveau, et d'autres, qui n'ont pas eu l'occasion de les entendre, les liront peut-être non sans quelque profit pour leur âme. C'est ce que je demande à Dieu en publiant ces quelques pages.

Toulouse, 13 mai 1904.

INTRODUCTION

Je n'étonnerai personne en affirmant que, dans les difficultés de l'heure présente, quand la société et l'Église sont sérieusement en péril, la femme chrétienne nous apparaît comme un grand motif d'espérer.

Sans elle, la plupart de nos efforts seraient frappés de stérilité. Nous comptons sur son concours. Nous l'adjurons de se mettre résolument à l'œuvre et d'accomplir sans hésitation tout le rôle qui lui incombe, d'être, en un mot, aussi intégralement que possible, épouse, mère, chrétienne et citoyenne. Si elle comprend sa mission, si elle emploie à s'y consacrer tout son zèle et tout son amour, nous sommes sûrs que beaucoup de maux dont l'imminence nous effraye seront conjurés et que beaucoup des progrès dont le désir nous hante seront réalisés.

C'est par la femme que le monde a été perdu une fois; c'est par la femme qu'il a été racheté et qu'il continuera de l'être. Il suffit d'ouvrir l'histoire pour se rendre compte que la femme a été de tout temps ou un agent de corruption, ou un organe de relèvement et de progrès. Mais si son rôle a été parfois néfaste, il fut plus souvent encore bienfaisant et il est rare qu'elle ait manqué d'expier par la douleur et par les larmes le mal qu'elle avait pu causer. Elle est naturellement organisée pour la souffrance, et c'est encore là sa meilleure planche de salut.

D'ailleurs, si la femme, considérée en soi, avec sa nature encline aux excès et en dehors des habitudes que crée en elle la religion, est souvent une cause de désordre et une occasion de péché, quand elle a été touchée par la grâce, fortifiée par la foi, assagie par l'espérance, équilibrée par la charité, elle apparaît comme tout ce qu'il y a au monde de plus doux, de plus pur, de plus généreux et par là de plus apte à exercer autour d'elle une influence irrésistible. Car elle unit aux charmes de la nature les attraits de la grâce; car toutes ses qualités natives, sa beauté, sa bonté, sa délicatesse, l'exquise sensibilité de son cœur, sa puissance d'aimer et de souffrir sont tournées par la foi à l'œuvre du bien et du salut.

Oui, c'est surtout au christianisme qu'elle est redevable de sa valeur morale et de l'ascendant qui en découle. Il l'a sauvée, relevée et libérée. Elle était esclave; il en a fait une créature libre, l'égale de l'homme et sa compagne bien-aimée. Elle était maltraitée, vouée à des travaux indignes de son sexe; il l'a remise à sa place, au centre du foyer, au cœur même de la société, et il l'a consacrée à la grande œuvre humaine et sociale qui est l'entretien et l'éducation de l'enfance. Malheureuse et corrompue, elle était devenue un pur instrument de jouissance que l'on abandonnait dans la boue, après en avoir abusé; il en a fait un objet de vénération et de respect, d'autant plus digne d'égards qu'il est plus faible et plus délicat.

Ce qu'était la femme dans le paganisme, croyez-en le poète :

La femme, ange déchu, meurtri, traînant son aile...
Fille, un mari l'achète au père qui la vend;
Veuve, son fils, son frère, un étranger souvent
Dit : « La loi me la donne; elle n'a qu'à le suivre. »
Si bien que, jusqu'à l'heure où la mort la délivre,
Elle a pour seul bonheur qu'elle puisse obtenir
De porter dans ses flancs ses tyrans à venir.

Ce que le Christ en a fait, écoutez encore :

Lui, Jésus, Il a mis, au lieu du joug infâme,
L'étoile du matin sur le front de la femme.
Il a fait d'elle, au lieu de l'esclave dompté,
L'éternelle vertu, l'immortelle bonté.

Et, pour forcer partout l'homme injuste à se taire,
A celui dont l'orgueil la courbait jusqu'à terre
Il dit : « Au haut du ciel, dans l'ombre du saint lieu,
Regarde, c'est ta mère à côté de ton Dieu. »

Oui, le Christ a investi la femme d'une noblesse royale. Si elle n'a pas, si elle ne peut pas avoir le même rôle et les mêmes attributions que l'homme qu'elle est née pour compléter, comme il est fait de son côté pour la compléter, elle a du moins hérité d'une fonction qui ne le cède en rien à n'importe quelle autre et dont la portée est universelle.

Que si le relèvement de la femme entrepris par le christianisme ne vous paraît pas encore achevé, s'il reste dans nos sociétés modernes quelques vestiges de l'antique esclavage, s'il y a en un mot dans la campagne du « féminisme » une part de justes revendications, il faut laisser aux principes évangéliques le temps de se déployer et de porter leurs fruits, et la femme sera mise en possession de tous les droits qui lui reviennent, tant au point de vue purement personnel qu'au point de vue social.

Ce sont les diverses phases du rôle qui vous incombe, Mesdames, que j'ai l'intention de passer en revue et de vous faire bien comprendre, afin que vous puissiez vous y attacher de toute votre âme et par là vous donner, sans retard et sans crainte, à l'œuvre de salut que l'on attend de vous.

PREMIÈRE CONFÉRENCE

La jeune fille.

Parce que son rôle est de toute première importance et que rien ne saurait le suppléer, la femme doit y être préparée de longue main et dès l'enfance par l'œuvre de ses parents, de ses maîtres, de ses efforts personnels et aussi par l'influence du milieu où s'écoulent ses années de formation. Cette formation est une tâche d'autant plus délicate que l'on a affaire à une nature très impressionnable, portée facilement aux excès et où, grâce au développement particulier du système nerveux, l'imagination et la sensibilité sont enclines à prendre le dessus sur la raison et sur la volonté. Aussi beaucoup de mesure et de prudence sont-elles nécessaires, surtout dans les débuts, car les premiers plis une fois donnés, l'ouvrage devient plus facile à cause de la confiance et de la soumission naturelles à ce sexe et de son inclination à suivre le mouvement que des volontés à la fois fermes et aimantes lui imprimeront.

Si on a pu dire de l'enfant qu'il est déjà un homme sur les genoux de sa mère, il faut dire de la petite fille qu'elle aussi est dès ce moment-là une femme et qu'il ne faut pas tarder à entreprendre l'œuvre de sa formation intellectuelle et de son éducation morale.

I.

FORMATION INTELLECTUELLE.

Une jeune fille, si elle veut être à même de jouer le rôle social qui va lui incomber, doit-elle être instruite et dans quelle mesure, soit qu'il s'agisse des sciences profanes, soit qu'il s'agisse de la science religieuse?

Et d'abord : une jeune fille doit être aussi instruite que le lui permettent son rang, sa condition de fortune et ses moyens intellectuels dans les sciences purement profanes, et cela pour trois raisons principales :

a) Elle ne fera une épouse parfaite, capable de plaire en tous points à son mari et de travailler de concert avec lui à l'œuvre commune que si elle n'est pas trop distante de lui au point de vue intellectuel. Ne faudra-t-il pas qu'elle comprenne et partage ses goûts, qu'elle s'adapte à son degré de culture et qu'elle s'intéresse à toutes les questions qui pourront captiver la curiosité de son époux? Un mariage bien assorti n'exige-t-il pas que les deux parties mettent en commun non seulement leurs intérêts et leur amour, mais encore leurs idées et leurs goûts? Par suite, suivant le rang et la classe qu'elle occupera dans le milieu social, la jeune fille devra être plus ou moins cultivée, mais toujours assez néanmoins pour ne pas être trop étrangère aux connaissances et aux recherches de celui dont elle partagera la vie.

b) En deuxième lieu, elle ne sera la mère parfaite de ses enfants que si, non contente de les avoir mis au monde et d'avoir veillé à leurs premiers développements, elle surveille encore leur éducation, y prend une large part, la dirige en quelque manière et n'est pas absolument neuve sur les questions qui intéressent les siens et qui font l'objet ordinaire de leurs conversations.

c) Enfin, la femme, parce qu'elle est un être social, une pièce essentielle de l'ordre général, ne doit rien ignorer des grandes questions pendantes et qui importent soit au progrès de l'humanité, soit à la prospérité de la nation.

A tous ces titres, formez des jeunes filles instruites et cultivées; remarquez que je ne dis pas savantes, mais cultivées. Ayez non pas une cervelle bourrée de détails, de faits et de mille et mille particularités sans importance, mais une intelligence largement ouverte à toutes les notions générales des diverses sciences. Il sera d'autant plus facile de donner un tel genre d'enseignement à la jeune fille soit au foyer, soit à l'école, qu'on n'est pas forcé (à part pour le petit nombre de celles qui se destinent à quelque carrière libérale) de s'en tenir aux cadres étroits d'un examen et qu'on pourra surtout insister sur la formation générale de l'esprit. Et c'est précisément une méthode ainsi comprise qui fera de vos filles, non pas des pédantes incommodées de leur bagage scientifique, le portant gauchement et avec prétention, mais des femmes simples et charmantes, à l'intelligence souple, fine et logique, et qui, si elles ne savent pas tout, auront au moins des lueurs de tout et seront prêtes à tout comprendre, quand l'occasion leur en sera fournie.

Il appartient donc aux parents et aux maîtres d'élaguer de plus en plus de leur enseignement ce qui y reste d'étroit et de trop particulier, ce qui n'aboutit qu'à une perte de temps pour tendre à ouvrir et à élargir davantage l'esprit de leurs élèves et à les meubler de ces notions générales, de ces cadres, de ces lignes précises mais très larges où les détails viendront ensuite et à mesure se caser naturellement, et qui, en tout cas, leur permettront de n'être étrangères à aucune conversation, à aucune étude, à aucune discussion, et d'avoir sur toutes choses, sinon la science du détail, du moins un jugement averti et une attention toujours éveillée.

Que si quelques-unes, pour des raisons sérieuses, tenaient à se spécialiser, à prendre des brevets, à passer des baccalauréats, voire même à s'adonner à certaines professions libérales jusqu'ici exclusivement réservées aux hommes, telles que la médecine et le barreau, je ne vois pas qui pourrait les en empêcher et sur quoi on s'appuierait pour leur en dénier le droit.

S'il est à désirer que la femme emploie le plus de temps possible, afin de le mieux accomplir, à son rôle d'épouse, de mère et d'éducatrice, ne reste-t-elle pas libre de remplir d'autres fonctions auxquelles la société l'a reconnue apte et qui ne sont pas incompatibles avec l'accomplissement de ses devoirs d'état? Je ne pense pas, d'ailleurs, qu'il faille faire grand cas de l'opinion de ceux qui concluent à l'infériorité intellectuelle de la femme, et il est à croire que la moyenne des femmes est aussi élevée à ce point de vue que la moyenne des hommes, et ceux qui vous accusent, Mesdames, d'avoir « l'éternelle enfance de la rai-« son », « une case de moins dans le cerveau « pour une de plus que vous portez dans le « cœur », « les cheveux longs et l'intelligence

« courte », vous connaissent mal et mettent sur le compte de votre constitution native ce qui ressortit plutôt à un manque de culture ou à une formation scientifique mal comprise et mal dirigée.

Mais ceci touche au « féminisme », et ce n'est ici ni le lieu, ni le moment d'entrer dans le feu des discussions pendantes.

Je crois donc, et vous serez certainement de mon avis, que si nos jeunes Françaises étaient nourries davantage dans ce culte de la science, dans cette curiosité des questions intéressantes dans tous les ordres, elles s'en éprendraient, elles y apporteraient leur naturelle ardeur, et leur esprit, plus retenu, se dissiperait moins dans des détails futiles de luxe et de toilette, et leur imagination, remise à l'ordre, s'emploierait moins à d'inutiles rêveries, et elles ne gaspilleraient par leur temps, sinon leur vertu, dans des lectures vaines ou malsaines qui sont incapables de leur rien apprendre de bon et qui ne peuvent que porter le trouble et le vague dans leur âme.

A côté de l'instruction purement théorique, qu'on n'oublie pas de faire une large part à l'enseignement pratique et ménager; car il faut qu'une femme ne soit inhabile en rien de ce qui est nécessaire à la bonne tenue, à la propreté et à l'ornement d'un foyer. La couture, la cuisine, l'art de soigner les malades et de panser les plaies, les règles principales de l'hygiène et de la médecine, et, quand c'est possible, la culture des arts de société, capables de la distraire elle-même et aussi de récréer ceux qui partageront sa vie, autant de choses qu'il importe de ne pas négliger et dont du reste la plupart exigent peu d'effort et servent même de dérivatif et de repos.

Ainsi, jeunes filles, ne pensez pas qu'au sortir du couvent ou du lycée votre instruction soit parfaite. Continuez-la longtemps encore, de concert avec vos mères ou des maîtres choisis, par des études appliquées, par des lectures sérieuses, par l'audition de cours et de conférences sur toutes les questions qui peuvent piquer votre curiosité et satisfaire votre besoin de savoir. Voilà votre premier devoir, à moins que d'autres plus urgents vous retiennent au foyer; le reste, la distraction et les amusements mondains, la toilette et les relations frivoles sont de peu d'importance et ne sauraient longtemps retenir l'attention de celles qui ont pris conscience de leur responsabilité et du rôle social qu'elles se préparent à jouer.

Reste la question de l'instruction religieuse. Plus que jamais, à cause des périls de la foi, de la diffusion des mauvaises doctrines, des excès de l'esprit critique, cette instruction doit être sérieuse et dépouillée de tout alliage d'exagération et de fanatisme. La femme est appelée dans les divers milieux qu'elle fréquente à combattre pour sa foi, à répondre aux attaques dont elle est l'objet; elle aura à calmer les hésitations de son mari, à répondre aux interrogations de ses enfants, à leur enseigner de bonne heure l'essentiel et à se montrer à leurs yeux une chrétienne éclairée et convaincue. Cela lui sera-t-il possible, si elle n'a pas soigneusement étudié sa religion, si elle n'a pas mûrement réfléchi afin d'appuyer sa croyance non pas sur les élans éphémères de la sensibilité ou sur les illusions décevantes de l'imagination, mais sur le roc inébranlable de la raison et de la volonté?

D'où nécessité pour les jeunes filles de continuer à s'instruire après leur première communion et leur sortie du couvent ou du lycée et de ne jamais abandonner la suite de leurs études religieuses, car elles auront à faire face à des adversaires de mieux en mieux armés et à répondre à des difficultés toujours nouvelles.

L'essentiel est que cette instruction soit bien donnée afin de pouvoir être bien reçue. Bien donnée, c'est-à-dire par des maîtres éclairés qui ne défigurent pas la religion et ne la présentent pas de préférence sous ses petits côtés, dans ce qu'il y a même en elle d'adventice et d'accidentel, dans ce que la superstition et la crédulité ne se sont pas fait faute d'y ajouter. L'esprit de la femme, en effet, naturellement enclin à suivre les inspirations de sa sensibilité, se laisserait attirer par une religion toute de sentiment et d'imagination, consistant plutôt en formules vagues et poétiques et en pratiques extérieures. Qu'on lui montre donc le christianisme dans sa merveilleuse économie, dans son ordre logique, dans les grandes assises sur lesquelles il se fonde et qui sont étayées par la raison la plus saine et par la philosophie la plus éclairée; qu'on débarrasse le dogme, le culte, la morale de tout ce qui n'est pas eux, de tout ce qu'y ajoutent pour les corrompre des imaginations exaltées ou des esprits étroits, et que peu à peu, par le travail de la réflexion et aussi par des lectures doctrinales bien choisies, elle s'élève à une juste conception de nos mystères, afin de pouvoir rassurer autour d'elle par la vigueur de sa foi les intelligences obscurcies et les volontés défaillantes.

II.

ÉDUCATION MORALE.

Avec une instruction judicieuse et solide, la jeune fille doit recevoir une éducation intégrale qui l'arme pour l'accomplissement de sa mission sociale. Je résumerai à trois les principales vertus qu'il lui faut acquérir :

a) Un jugement droit et prudent;
b) Une volonté personnelle et énergique;
c) Une piété éclairée et aimable.

a) Et d'abord, qu'on exerce le plus possible en elle la raison, qui est la grande faculté humaine, le frein de l'imagination, le guide de la sensibilité; qu'on la rende active, puissante, logique, apte à se prononcer et à faire régner ses décisions sur les caprices des sens ou sur les illusions de la fantaisie. C'est faute d'avoir reçu cette culture nécessaire et d'avoir empêché la sensibilité de prendre chez elles le dessus que la jeune fille et la femme, outre qu'elles ont plus d'occasions de souffrir, restent parfois en deçà de leur tâche ou, du moins, ne l'accomplissent qu'au prix d'innombrables efforts. On élève trop, en général, la jeune fille dans une atmosphère de rêve et de fable; on ne lui fait pas assez toucher du doigt la dure réalité, on ne remplit pas assez son esprit, naturellement curieux, de notions exactes et précises, et au lieu de la nourrir, dès qu'elle est susceptible de la recevoir, d'une saine philosophie de la vie, on préfère lui laisser en main des ouvrages dont on serait bien en peine de dire de quoi ils ont voulu traiter et où une prétendue poésie enveloppe d'un voile illusoire les plus essentielles réalités. Et voilà contre quoi il sera bon que réagissent les nouvelles méthodes en se souvenant que la femme a une raison et que cette raison est faite, comme celle de l'homme, pour dominer les sens, régler le cœur et imposer à toute la conduite une ligne ferme et régulière.

b) Avec un jugement sage et pondéré, que l'éducation forme dans la jeune fille une volonté bien tranchée, le sens de la responsabilité, la conscience nette du devoir, en un mot, une personnalité aussi prononcée que possible : car elle est naturellement encline à se soumettre à l'influence d'autrui, à se laisser mener et à incliner sa liberté vers la pente où l'attire son cœur.

D'où la nécessité de lui apprendre à se posséder, à maîtriser ses instincts et ses inclinations irréfléchies, et à les soumettre à l'examen de la raison et à la règle de la volonté. Si la femme est très courageuse quand il s'agit de se dévouer, de se dépenser, de souffrir même par amour, elle l'est peut-être moins là où il faudrait s'affirmer, défendre son moi, faire acte de possession de soi et d'indépendance, résister aux suggestions du monde ou à certains attraits du cœur. C'est donc au travail de l'éducation à la perfectionner sur ce point. Et que la femme ait besoin plus que personne de cette force de caractère, de cette fermeté et de cette maîtrise de soi, cela ressort de la nature même de son rôle qui ne peut ordinairement s'accomplir qu'au prix de beaucoup de sacrifices et de douleurs. Je ne vous découragerai pas, Mesdames, car je sais que vous êtes profondément chrétiennes et que vous savez la valeur de la croix, en vous disant que vous êtes destinées à souffrir et que les épreuves qui ont été prédites, après la chute, à vos pareilles : « Tu enfanteras dans la douleur », ne sont que peu de chose en comparaison des tristesses et des inquiétudes qui sont le plus souvent le lot d'un cœur de fille, d'épouse et de mère, — et de là la nécessité pour vous d'avoir une volonté fortement trempée et apte à tous les sacrifices.

c) Disons enfin un mot de la piété et de la forme qu'elle doit revêtir chez la jeune fille. Ne la laisse-t-on pas quelquefois se tourner en une affaire de pure sensibilité, en je ne sais quel vague mysticisme dont on oublie de se demander s'il est assis sur de solides convictions? Et cependant, chez la femme non moins que chez l'homme, n'est-ce pas la conviction aussi éclairée que possible et rivée dans la raison et dans la volonté qui doit être le fondement de la pratique religieuse? Sans cela, nous n'aurons qu'une fausse dévotion, encline à toutes sortes d'excès et même exposée à se pervertir sous le coup de certaines circonstances et à donner naissance à de dangereuses passions. Il faut donc faire avant tout de nos jeunes filles des croyantes, des convaincues; il faut les élever dans cette idée que la piété ne tient pas tant dans de vagues aspirations que dans l'adhésion inébranlable de la raison à Dieu et dans la conformité de notre volonté à la sienne. Comme le recommandait très justement Bourdaloue : « Faites-en des chré« tiennes avant d'en faire des dévotes. » Qu'elles connaissent Dieu et vivent de lui avant de se livrer à telle ou telle dévotion à la mode, et qu'elles n'imitent pas cette femme de bonne volonté qui priait ainsi devant l'image du Sacré-Cœur : « Mon Dieu, « intercédez pour moi auprès de saint Antoine « afin qu'il guérisse ma fille. » Pas de religion étroite et mesquine, confinée dans des pratiques machinales et toutes personnelles, mais la vraie piété, large, ouverte, aimable, intransigeante quelquefois, indulgente et charitable toujours. En un mot, cette piété qui ajoute le dernier trait aux charmes de la nature et qui rehausse, avec la simplicité et la bonté de la femme chrétienne, la grâce exquise qui en découle.

Ainsi, jeunes filles, formez-vous et appliquez-vous à toutes ces vertus. Exercez et développez votre raison; rendez-la maîtresse de votre imagination et de votre cœur. Établissez votre dévotion sur des bases solides; comprenez de plus en plus le sérieux de la vie et l'importance du rôle qui vous est échu. Vous n'avez pas été créée uniquement pour vous distraire et pour vous réjouir, pour passer de fête en fête et de soirée en soirée, pour servir de jouet et d'ornement au monde, et pour montrer jusqu'à quel point une toilette bien portée et conforme au dernier cri de la mode peut rehausser ou plutôt compliquer les charmes naturels de la femme. Sans doute, votre devoir est d'être charmantes, gaies et gracieuses, de faire naître partout où vous passez le sourire et la joie; mais tout cela afin de mieux accomplir votre mission sociale.

Au foyer, qui vivra de votre entrain et des élans de votre jeune activité, commencez à faire l'apprentissage de vos fonctions futures. Filles, soyez les auxiliaires attentives et adroites de vos mères, les souriantes gardiennes de vos pères fatigués; sœurs, soyez les protectrices et les anges de vos frères; amies, ne choisissez vos compagnes que parmi les plus sérieuses et exhortez-vous mutuellement à acquérir les qualités qui vous manquent. Faites toujours passer le principal avant l'accessoire; le travail, les soins du ménage, les occupations du foyer avant les visites, les lectures, les réunions et les conversations frivoles.

Fréquentez le monde tout juste ce qu'il faudra pour pouvoir vous y établir; mais restez-en indépendantes et gardez-vous de ses préjugés, de ses injustices et de ses mesquineries. Préférez aux distractions bruyantes, aux éclats tapageurs des fêtes mondaines la joie calme et pacifiante d'un foyer où l'on s'entend, où l'on travaille de concert, où chacun apporte ce qu'il a de meilleur et où l'on reçoit, pour y goûter avec eux les charmes de l'intimité, de vrais et fidèles amis. Ne soyez ni coquettes, ni tristes, ni compliquées. La pose et la mélancolie ne sauraient s'assortir à votre jeunesse et à votre grâce, qui ne durera qu'à la condition de rester naturelle. Soyez simples, gaies et loyales. Intéressez-vous à tout ce qui est beau; ne faites pas les dégoûtées à dix-huit ans et ne perdez jamais, même quand vous mettrez des cheveux blancs, le sens et le goût de tout ce qui peut consoler et embellir la vie humaine. Aimez les pauvres; employez vos instants de loisir à les visiter ou à travailler pour eux, à faire de vos mains pures et légères des vêtements pour ceux qui s'en vont demi-nus et que vous leur apporterez vous-mêmes avec de tendres paroles et ce sourire où vous savez mirer toute votre âme. Déversez sur tous ceux qui souffrent le trop-plein d'un cœur qui a besoin d'aimer, qui en a le droit et le devoir, et surtout préservez-le des entraînements irréfléchis en le tenant fixé à Dieu par la prière et en en réservant silencieusement toutes les délicatesses et toutes les énergies pour celui avec lequel Dieu, votre premier Maître, vous permettra de partager l'amour pur et ardent qu'Il aura protégé et conservé à cette fin. Le mariage est, en effet, la vocation commune, et il est de toute nécessité que les parents y préparent de longue main leurs enfants en leur en faisant comprendre et l'importance, et les difficultés, et les devoirs. Aussi, avant de parler du rôle de l'épouse et de la mère, devons-nous traiter de la nature du mariage considéré au point de vue chrétien et des obligations qu'il comporte.

DEUXIÈME CONFÉRENCE

Le Mariage chrétien.

L'homme naît, vit et se développe par la famille, dans la famille et pour la famille. C'est une loi naturelle, préalable à tout ordre social. L'humanité, en effet, ne saurait subsister sans que les membres qui la composent se multiplient et se renouvellent de génération en génération; pas plus qu'il ne saurait exister de société sans une certaine réunion de familles et sans la continuité et la permanence de ces familles. Et c'est pourquoi la vocation commune et générale de la femme aussi bien que de l'homme consiste à fonder la famille, à fournir aux sociétés cet élément primordial sans lequel elles ne peuvent subsister, à perpétuer en un mot, en même temps que l'espèce, telle ou telle race en particulier et du même coup l'Eglise qui, comme toute société vivant en ce monde, se compose de membres pris dans l'humanité.

Or, la famille repose sur le mariage, c'est-à-dire sur l'union de l'homme et de la femme mettant en commun tous leurs biens pour réaliser la fin sociale et s'unissant corps et âme pour la procréation, l'entretien et l'éducation des enfants. C'est un contrat d'un genre à part, par lequel les parties se cèdent mutuellement non-seulement quelque chose de matériel et d'appréciable, mais encore ce qui échappe à toute estimation, leur volonté, leur amour, leur vie tout entière.

Et parce que les enfants qui résulteront de cette alliance, et en vue desquels elle est du reste contractée, ont besoin de beaucoup de soins, d'une éducation longue et difficile, et parce que les parents sont tout naturellement désignés pour cette œuvre à laquelle leur premier devoir est de se consacrer, ce contrat doit être consenti pour tout le temps où les enfants pourront profiter du secours de leurs auteurs; et comme ce temps est considérable et qu'il n'y a pas de raison pour que deux êtres unis dans cette tâche commune se séparent ensuite pour aller chacun de leur côté, le mariage apparaît au regard de la droite raison comme un contrat à vie. Il semble qu'il doive être soumis à une certaine indissolubilité à cause des conséquences qu'il entraîne et de l'obligation qui incombe aux parties d'élever leur progéniture et de constituer un foyer, c'est-à-dire un milieu fixe et permanent où cette éducation soit possible. Ce qui détermine en un mot les deux volontés contractantes, ce qui les engage à se lier pour la vie, c'est la considération de la fin même du mariage, fin qu'il semble impossible d'obtenir par la rencontre fortuite et momentanée de deux individus qui sacrifieraient le bien de l'espèce à leur égoïste plaisir.

Le mariage indissoluble serait donc la loi d'une société fondée sur les exigences de la nature et assez civilisée pour faire passer les intérêts généraux de la race humaine avant les passions et les caprices des individus qui la représentent.

Mais ce contrat est-il tel qu'il ne puisse être résilié en certains cas particulièrement graves, par exemple quand l'une des parties manque à ses engagements et se montre infidèle à l'autre? Sur ce point, la raison ne se prononce pas d'une manière absolue et il n'en manque pas qui considèrent que le divorce est alors permis et même nécessaire; — le divorce, c'est-à-dire non pas la simple séparation de corps qui laisse intact le lien du mariage, mais la séparation complète qui comporte le droit pour les deux conjoints de se remarier où bon leur semble.

Et c'est justement ici que la religion chrétienne vient élever la conception de la famille en prêchant l'indissolubilité absolue du mariage et en proscrivant le divorce. Et par là, elle devient la plus sûre sauvegarde du foyer. N'y a-t-il pas, en effet, un grave péril à permettre, en certains cas, de rompre le lien constitué par l'engagement des parties? La passion trouvera là un moyen commode de se satisfaire; il lui sera aisé de faire naître les causes qui, en provoquant le divorce, lui permettront d'aboutir à ses fins. Ce sera pour les foyers un danger toujours possible et qui diminuera la sécurité et la confiance nécessaires à l'entente des époux. Et si ce malheur arrivait, même pour une raison grave, s'il était permis au père et à la mère de s'en aller chacun de son côté pour contracter une nouvelle alliance, quel serait le sort de l'enfant, en quelles mains passerait-il, que deviendrait l'œuvre nécessaire de son éducation? Sacrifié, mutilé, coupé pour ainsi dire en deux, victime de l'égoïsme et de la passion de ses auteurs, il serait condamné à n'avoir plus ni famille, ni foyer.

Et n'est-ce pas ce qui devient trop fréquent de nos jours? Le divorce étant permis, les passions en profitent et l'exploitent. On se marie avec cette arrière-pensée : Quand j'en aurai assez, il me restera une porte de sortie. Les cas de séparation se multiplient de jour en jour et la présence des enfants ne suffit pas toujours à rappeler à leur devoir les égoïstes qui n'en ont que pour leur plaisir.

Et c'est pourquoi il faut bénir plus que jamais notre religion qui, en posant en principe l'indissolubilité absolue du mariage, est le frein le plus efficace opposé aux passions en même temps que la plus sûre garantie de la stabilité de nos foyers.

D'ailleurs, la famille, si on la considère au point de vue chrétien, n'est pas seulement la source de l'espèce humaine, elle est encore le réservoir où s'alimente la société spirituelle que Jésus-Christ a fondée et qui doit se perpétuer à travers les siècles. A ce titre, elle apparaît comme l'image de l'union indissoluble qui existe entre le Christ et son Eglise, union par laquelle ils engendrent une multitude d'âmes à la foi et au salut. Et c'est pourquoi le mariage a été consacré par Dieu et élevé à la dignité de sacrement, c'est-à-dire qu'il est devenu la représentation symbolique et le canal d'une grâce réelle, de la grâce par laquelle les deux époux, une fois unis, le demeurent éternellement.

Dès lors, il n'y a pas de raison qui soit capable de rompre leur nœud. L'homme ne saurait séparer ce que Dieu lui-même a rapproché. Unis une fois, sous le regard du Christ et par sa grâce, ils le sont à la vie à la mort. C'est à eux qu'il appartient de rendre par leur amour et leur fidélité cette union supportable et heureuse. Que si, pour des raisons graves, il leur devenait impossible de vivre côte à côte, il leur est permis de s'éloigner, mais à condition que, leur contrat demeurant indissoluble, ils ne profitent pas de leur demi-liberté pour s'engager ailleurs.

Et comme, pour s'élever à la hauteur d'une obligation qui ne manque pas de difficultés, les époux n'auraient pas assez de leur volonté, ils puisent dans le Sacrement qui sanctifie leur nœud une grâce toujours nouvelle et la force de s'entendre, au milieu des épreuves et des tristesses de la vie, pour la réussite de l'œuvre capitale qui est la fin même de leur union.

Les abus que nous constatons trop souvent dans le mariage ne viennent donc pas de l'institution elle-même et surtout de l'institution chrétienne qui en proclame l'indissolubilité. Ils découlent plutôt soit de l'insuffisance des lois civiles qui en règlent les effets, soit surtout de la légèreté et du manque de sens des contractants qui, envisageant cet état non comme un poste de dévouement et de sacrifice, mais comme un moyen de jouir et de satisfaire leurs instincts, s'y lancent à la hâte et sans réflexion. Ni l'éducation ne prépare assez les futurs époux à leur rôle et les futurs parents à leur mission; ni les jeunes gens, avant de contracter union, ne se connaissent et ne s'entendent assez; ni les parents n'apportent à cette affaire essentielle assez de désintéressement et d'oubli de soi.

On considère trop souvent le mariage comme une sorte de pur contrat par lequel on rapproche et on met en commun certains intérêts plutôt matériels.

Ce dont on se préoccupe en tout premier lieu et

trop exclusivement, c'est de la question d'argent. Sans doute, c'est une question qu'il est bon de ne pas passer sous silence et dont on ne saurait se désintéresser sans manquer au devoir de la prévoyance et sans engager sa responsabilité, mais de là à en faire l'article principal d'une affaire si grave, il y a loin. Si les dots seules étaient appelées à s'unir et à fructifier, on comprend qu'on ne regardât qu'à elles ; mais les dots ne sont qu'un moyen de vivre de la vie matérielle et il faut en plus vivre de la vie morale, s'entendre, s'aimer, se comprendre, se dévouer à l'œuvre commune. Et pour cela l'argent jouit de peu de puissance ; il ne saurait remplacer l'entente ni l'amour, et on peut tout acheter avec lui, excepté la concorde et le bonheur. Ce n'est donc pas seulement de l'état de fortune de la personne que l'on va épouser dont il faut se préoccuper, mais encore est-il nécessaire de faire une sérieuse expérience et de son caractère et de sa vertu et de son attachement. Le lucre et le calcul ne doivent entrer en ligne de compte que subsidiairement et dans la mesure où le réclament les nécessités de la vie et les exigences du rang à tenir dans la société.

D'autres ne voient dans le mariage que le moyen de se procurer certains plaisirs et des jouissances qu'ils ne trouveraient pas ailleurs. C'est le mot de l'héroïne de je ne sais plus quel roman à la mode :

« Je me marie pour avoir une existence agréable, pas pour autre chose... » Et les charges, et la responsabilité, et les sacrifices qu'impose cette vocation, on n'en a ni cure ni souci, et on entre de gaieté de cœur, avec une criminelle insouciance, dans cet état que saint François de Sales appelait avec raison « un exercice continuel de mortification ». Aussi, quelle amère désillusion au bout de peu de jours! quelle sombre perspective pour une volonté non préparée, non aguerrie, que celle d'une longue existence passée tout entière auprès d'un être avec lequel on reconnaît, trop tard, hélas! que l'on ne peut s'accorder! Certes, demander au mariage la satisfaction de légitimes aspirations et d'instincts voulus par la nature, rien de plus raisonnable; mais encore faut-il comprendre que ce n'est pas là tout le mariage et que les charges et les devoirs qu'il impose en retour de certains avantages sont quelquefois très pénibles. Ce n'est pas un aveugle mouvement des sens qui doit diriger vers cet état, c'est encore et plus la raison, la raison maîtresse de l'amour et qui, sans l'affaiblir ni le détruire, le rend perspicace, prévoyant et en fait le libre don de tout soi-même à un être consciencieusement élu pour une œuvre qui ne va jamais sans douleur et qui exige même parfois de sanglants sacrifices.

Enfin, un dernier abus qu'il importe de signaler

dans la manière dont on se laisse aller à conclure de nos jours une affaire de tant d'importance, c'est la rapidité et l'empressement irréfléchi que l'on y porte. A peine s'est-on vu, à peine a-t-on examiné l'état de la fortune et la situation de la famille que l'on se promet l'un à l'autre; à peine s'est-on promis que l'on se donne l'un à l'autre pour la vie. Où prendrait-on le temps de s'étudier, de se connaître, de juger de la communauté d'intention et de désirs si nécessaire quand on va avoir à passer ensemble de longues années? Ne connaissez-vous pas certains mariages qui se sont conclus sur la simple vue de photographies? Et ce mot d'un Américain, pour être un peu trop américain, n'est-il pas cependant l'expression de la réalité : « J'ai « rencontré Mister Marsh, disait-il en parlant de sa « femme, un jeudi, à un bazar; le samedi, nous « étions fiancés. » D'ailleurs, la cérémonie des fiançailles se perd de plus en plus, et aussi cet intervalle que, très prudemment, on laissait s'écouler entre la promesse et sa réalisation, afin de donner aux deux promis le loisir de se bien connaître et de s'assurer de leurs sentiments respectifs. Napoléon faisait preuve d'un grand bon sens, lorsqu'il disait : « Il ne faudrait pas que l'on permette « le mariage à deux individus qui ne se connaî« traient pas depuis six mois; » et ne faudra-t-il pas en venir là, si l'on veut remédier à tous les maux qui découlent fatalement d'actes accomplis à la légère et d'unions conclues à la vapeur?

D'où vient, en effet, la crise effrayante que traverse le mariage? D'où vient la multiplication progressive des divorces? D'où vient qu'il existe tant de ménages où la paix est troublée? N'en cherchez pas la principale cause ailleurs que dans le peu d'attention et de prudence que l'on apporte généralement à la conclusion d'un acte qui retentit sur la vie tout entière.

Et si vous comprenez cela, Mesdames, vous saurez en tirer les conclusions qui s'en dégagent et les appliquer vis-à-vis de vos enfants. Représentez-leur le mariage comme une vocation sacrée, grosse de responsabilités et de douleurs; préparez-les-y de longue main. Ne les donnez pas au premier venu, et que ceux qui sont appelés à vivre de concert se connaissent d'abord, s'entendent et se sentent attirés non pas seulement par un instinct aveugle, mais par une raison et une volonté éclairées.

Alors vous ferez sinon des heureux, du moins des forts; vous créerez des familles stables et prospères et vous prouverez à tous les ennemis du mariage chrétien qu'il n'y a pas en dehors de lui de garantie pour l'ordre social, et que plus il sera chrétien, plus il sera couronné de paix, d'amour et de fécondité.

ALLOCUTION DE MARIAGE

Les devoirs du mariage.

Si nous avions plus de foi en la Providence, nous sentirions dans chacun des événements de notre vie l'impulsion de sa main divine. Comme une mère prend un soin continuel de son enfant, et ne lui laisse rien faire par lui-même, ainsi cette mère céleste veille sur nous avec une sollicitude qui ne s'est jamais démentie. Tous les biens que nous recevons, toutes les grâces qui nous arrivent n'ont pas d'autre origine ; elle préside à tout le cours de notre existence, et c'est avec une attention sans défaut qu'elle nous ménage les joies et les douleurs. « L'homme, dit l'Evangile, ne peut rien re-« cevoir qui ne lui soit donné du ciel. » (S. Jean, III, 27.)

Mais son concours est surtout visible dans les grandes occasions, à ces heures décisives qui déterminent le courant de notre activité, à ces tournents de notre vie qui s'ouvrent tout à coup sur des horizons inconnus. C'est alors, n'est-il pas vrai, qu'il nous est bon de n'être pas seul avec notre faiblesse et nos timidités humaines. C'est alors qu'il est rassurant de se sentir dirigé et comme forcé par une influence supérieure qui agit avec force et suavité.

N'est-ce pas le sentiment que vous éprouvez à cette heure, mes chers amis ? Avez-vous difficulté à reconnaître dans toutes les circonstances qui ont préparé ce jour béni, dans toutes les démarches qui l'ont décidé les menées amoureuses autant que sages de cette adorable Providence ? Compterez-vous parmi ces sots qui attribuent au hasard des rencontres si imprévues et des unions si bien assorties ? Non, sans aucun doute. Je vous connais trop pour vous adresser cette injure de penser que vous ne faites pas remonter jusqu'à Dieu toute la consolation dont vous êtes comblés. Que l'amour éternel qui rajeunit vos cœurs en les unissant soit donc mille fois béni !

Laissez aller vos âmes à des élans de reconnaissance ; dites merci et merci encore au Seigneur pour tout le bien qu'il vous accorde. Que Jésus et Marie soient les premiers à entrer dans le secret de vos épanchements, les premiers à jouir de votre intimité. Invitez-les avant nous tous à vos noces ; il est de leur droit d'y tenir la première place comme autrefois aux noces de Cana : « Jésus fut

« invité aux noces avec ses disciples... Sa mère « s'y trouvait aussi. » (JEAN.)

Ils ne dédaigneront pas cette fête toute d'ouverture et d'amour, ils y prendront au contraire un grand plaisir et ils sanctifieront par leur présence vos âmes et vos corps. Jésus, à la prière de Marie, y accomplira même un prodige analogue à celui qu'il accomplit à Cana, et à la place de votre ancienne vie, quelquefois languissante et morose, il fera germer une vie nouvelle, toujours active et toujours ardente, faite de cette fécondité qui peuple les foyers et qui entoure l'épouse fidèle d'une souriante postérité.

Mais en attribuant à la Providence ce grand événement, je ne veux pas dire qu'il n'y ait rien eu de votre part et que Dieu ait travaillé sans votre concours. Non, mon idée est tout autre. Je retrouve trop bien dans mon souvenir cette délicieuse histoire de Tobie que vous n'avez pas oubliée et qui reste comme un des poëmes les plus intimes et les plus gracieux qui aient jamais été. Vous vous rappelez comment le jeune Tobie fut récompensé des travaux de son père par la main de Sara, que le ciel lui avait réservée et qu'il obtint par l'entremise de son ange conducteur. Sans vous comparer à Tobie et à Sara, qui sont vos modèles, ne pourrons-nous pas dire que le bonheur de ce jour est en partie la récompense des vertus et du dévouement de vos parents et, en partie, la réponse du Seigneur à votre piété bien entendue et à votre tendresse filiale? Oui, quand je vous vois, tels que vous êtes, si nobles et si bons, je ne puis m'empêcher de reconnaître en vous cette couronne de consolation et d'allégresse promise dans les Ecritures aux pères et aux mères qui furent et qui sont eux-mêmes la gloire et l'honneur de leurs enfants.

Il ne faudrait pas cependant que cette joie bien naturelle vous aveuglât et vous empêchât de réfléchir à l'immense portée de l'acte que vous allez accomplir et aux difficultés de la vocation que vous avez résolu d'embrasser. Ce serait imprudence en vérité, que dis-je, ce serait folie de ne penser qu'aux satisfactions que procure le mariage sans en peser le fardeau et sans en mesurer les épreuves. Ne croyez pas que je vienne ici attrister cette fête et diminuer votre confiance; j'ai au contraire mission de l'augmenter; mais avouez du moins qu'il appartient à l'apôtre de l'Evangile de dévoiler toute la vérité et de ne rien vous cacher de ce qui pourrait vous être utile.

Quand j'appelle le mariage une vocation, ne dites donc pas que j'exagère et que j'élève à un rang trop distingué une affaire commune et insignifiante. Hélas! on ne le considère que trop dans le monde comme une chose de peu d'importance, qui mérite à peine une médiocre attention et qui se tranche, sans réflexion, du jour au lendemain.

On s'y décide en courant, on y porte le vulgaire souci qu'on porterait à une vente ou à un achat, on en fait un véritable jeu et souvent une question d'argent ou de misérable plaisir. Ne pourrait-on pas vraiment se demander dans certains cas si c'est un être vivant et semblable à Dieu que l'on épouse et si ce n'est pas plutôt une dot plus ou moins ronde à laquelle on se dévoue ? Combien n'y en a-t-il pas qui approuvent au fond de leur cœur, s'ils n'osent pas la répéter ouvertement, cette parole d'un négociant convaincu : « Je n'approuve que « les mariages d'argent, car du moins, quand « l'amour s'en va, l'argent reste ! » Négociant naïf, vous ne voyez donc pas que l'argent, chez vous et ceux qui pensent comme vous, s'en va souvent aussi vite que l'amour ! En un mot, l'intérêt seul guide et prononce dans cette affaire de toute importance.

De là, ces unions mal assorties qui ont pour conséquences fatales le malheur et le désordre des conjoints, la ruine des enfants et la corruption de la société ; de là, ces scandales journaliers qui viennent si à propos défrayer les causeries « innocentes » du monde et qui, transportés par la médisance, deviennent des excitants au crime et des dissolvants de l'honnêteté publique ; de là, cette destruction lente, mais inévitable, de toute intimité domestique, et partant, de toute entente et de toute énergie sociale. Ah! combien sont rares de nos jours les chrétiens raisonnables qui, en se dévouant au mariage, tiennent à cœur d'en comprendre toute la portée!

Vous êtes de ces exceptions, vous autres, et voilà pourquoi ma définition ne vous étonne pas. Oui, le mariage est une vocation, c'est-à-dire une fonction qui réclame l'exercice de toutes les puissances de l'être; une vocation, c'est-à-dire un devoir difficile mais exigeant, auquel on se doit tout entier, corps et âme; une vocation, c'est-à-dire une suite d'actions et d'efforts conscients par lesquels on accomplit une mission sociale et qui rentrent comme votre lot dans la somme des services rendus à l'humanité. Oui, grande vocation, mais vocation pénible qui réclame de vous un dévouement de tous les instants et des sacrifices le plus souvent gratuits.

Se donner à un être faible et mortel comme soi-même, pétri des mêmes misères, mais sur qui se repose la ressemblance ineffable de Dieu ; lui remettre en dépôt pour ne les plus jamais reprendre son cœur et sa vie en échange des siens; l'aimer à l'exclusion de tous les autres « comme l'os de ses os et la chair de sa chair », et dans le feu de cet amour respecter son âme et son corps comme les temples de l'Esprit vivant; ne l'abandonner dans aucune épreuve et tout quitter pour le suivre; protéger et entourer du même dévouement les fruits de cette union, — quelle fonction! et n'aurez-vous pas besoin d'une grâce toute particulière pour la bien remplir?

Mais le Seigneur a tout prévu dans sa condescendance attentive, et voyant que l'homme, livré à sa propre faiblesse, pourrait difficilement s'élever à la hauteur de ces exigences, il a ennobli le mariage jusqu'à lui conférer la dignité de sacrement, c'est-à-dire qu'il a caché dans ce consentement mutuel que vous donnez à votre union et à tous les fruits qui en découlent une intarissable source de grâce et de réconfort.

Vous voilà donc rassurés; en embrassant fidèlement votre vocation, vous recevez par le fait même les forces nécessaires pour la bien remplir; en prenant conscience des difficultés de votre état, vous acquérez déjà les armes pour les aplanir. Que pourriez-vous exiger davantage?

Il importe donc que vous veniez à ce grand acte avec les dispositions les meilleures et que vous assuriez pour toute votre vie l'écoulement de la grâce sacramentelle. Songez que le succès dépend de vous, car vous êtes les vrais ministres du sacrement. Priez donc de tout votre cœur et demandez à Dieu qu'il pénètre vos deux âmes de douceur et de force.

La douceur et la force..., ce sont bien là les racines de toute union heureuse et féconde, ce sont bien là les vertus fondamentales de l'état dans lequel vous vous engagez.

La douceur d'abord, cette belle vertu faite d'humilité et d'amour et qui m'apparaît comme l'écorce délicate de toutes les autres vertus; cette qualité complexe qui s'épanouit en la charité la plus tendre et la plus communicative et aussi en la patience la plus inébranlable, n'en sentez-vous pas la nécessité? N'aurez-vous pas à vous supporter l'un l'autre, toute une vie? et quelle que soit votre entente, quelle que soit l'égalité de vos goûts et de votre humeur, serez-vous assez parfaits pour ne jamais rencontrer l'un dans l'autre quelque défaut qui vous blesse et vous aigrisse? Ah! l'on est si souvent impatient, même sans motif, par le seul mouvement d'une nature volage qui est sujette aux volte-face les plus décevantes! Et le monde lui-même, le monde, au milieu duquel vous avez accoutumé de vivre, le monde avec l'astuce et l'hypocrisie que vous lui connaissez, ne cherchera-t-il pas et ne parviendra-t-il pas à troubler cette harmonie qui vous est si nécessaire? Hélas! il y réussit même chez les meilleurs, et l'on peut dire sans exagération qu'il n'y a pas d'entente si bien fondée qui ne ressente quelque jour le contre-coup de ses odieuses machinations. Examinez autour de vous et rendez-vous compte de la somme de douceur dont vous aurez besoin. Vous en aurez besoin pour vous entendre et vous sourire toujours, même aux heures les plus difficiles; vous en aurez besoin pour vous perfectionner l'un l'autre et vous communiquer ce que vous avez d'excellent; vous en aurez besoin pour ne pas vous confiner dans un bonheur égoïste et pour laisser rayonner votre vie autant qu'elle en est susceptible.

Demandez donc avec instance cette vertu capitale; nul doute que vous ne l'obteniez. Il vous sera aisé alors d'accomplir le précepte de l'Évangile et de porter avec joie les fardeaux l'un de l'autre. Ainsi vous accomplirez la loi du Christ et vous aurez droit aux bénédictions célestes.

Demandez aussi la force, la force mère de la fidélité conjugale et de la persévérance dans l'accomplissement de vos devoirs d'état. Cette vertu marche de pair avec la douceur, et toutes deux vivant en bonne intelligence sont le ressort de la paix et de la puissance. Elle ne vous est pas moins nécessaire dans ce milieu dangereux où vous serez mêlés. La trouveriez-vous dans ce monde énervé et énervant? De quelque côté que vous le preniez, n'est-ce pas la mollesse et l'indécision qui y triomphent, et la prétendue force qu'on y cultive n'est-elle point celle de la passion, c'est-à-dire, au fond, l'impuissance et la servitude? Y rencontrerez-vous la vraie liberté qui est l'unique source de la force?

Non, vous n'apercevrez de toutes parts que des êtres réduits au servage et devenus les plats valets de leurs sens et de leur orgueil. L'énergie de la volonté est cependant le principal instrument de toute éducation sérieuse, et l'éducation ne sera-t-elle pas la fonction primordiale de votre état? A ce grand œuvre devront concourir vos efforts et vos travaux; ce sera la source de vos épreuves les plus vives, mais aussi de vos consolations et plus tard de votre couronne.

Préparez-vous-y donc dès maintenant et étudiez-en tous les secrets. Faute de les savoir, on élève mal nos enfants et on laisse à l'orgueil, aux occasions dangereuses et aux passions le soin de les éduquer à leur manière.

Qu'en résulte-t-il? Vous le savez aussi bien que moi et vous en jugez tous les jours : des âmes sans ressort et sans délicatesse; des caractères incapables de rien entreprendre ni de rien achever; des cœurs inondés de vagues sentiments d'humanité mais fermés pour jamais à la flamme du véritable amour qui entre en acte et qui se sacrifie; des corps flasques et dissolus, adonnés à des besoins de luxe qui n'épargnent rien pour se satisfaire, pas même la sueur et la souffrance du pauvre, et à des habitudes mortelles : voilà les enfants que l'on nous donne et que l'on ose opposer à la multitude de nos ennemis.

Il reste, Dieu merci ! des familles respectueuses des anciennes traditions et qui comprennent le prix de l'âme et du corps d'un enfant. Vos familles sont de ce nombre. Vous avez donc appris depuis longtemps l'importance sans précédent de la première éducation, et vous la regardez comme le véritable creuset d'où l'homme sort tout entier, tel qu'on l'a fait et tel qu'on lui a appris à se former lui-même.

Imbiber jour par jour ces jeunes âmes de principes vivifiants et de sentiments délicats ; former en elles par mille moyens discrets les convictions qui les élèveront bientôt à la dignité d'hommes et de chrétiens ; assouplir ces caractères trop peu maniables ; fortifier ces volontés débiles ; inspirer à ces cœurs encore impressionnables une crainte respectueuse qui ne contraigne en rien les libres épanchements et la familiarité spontanée ; bannir de leur esprit toute vaine timidité, toute terreur servile, toute étroitesse dangereuse ; châtier d'une main inflexible tout ce qu'il y a en eux de répréhensible, encourager tout ce qui s'y rencontre de bon et surtout de méritoire, les entourer de tous les préservatifs et de tous les secours sans comprimer pour cela le libre jeu de leur intelligence et de leur cœur, — quel dévouement n'y faut-il pas, quelle abnégation, et pensez-vous y pouvoir suffire sans la grâce de Dieu?

Il vous la faut à tout prix. Ah! vraiment, nous en avons assez et nous n'en avons que trop de cette éducation tant prônée qui n'est que la déformation des âmes et leur corruption, assez de cet élevage d'esclaves et de caricature d'hommes et de Français. Oui, je n'en doute pas, si j'en crois les traditions vivantes de vos familles et les promesses de votre passé, vous vous rangerez parmi les éducateurs qui relèveront nos foyers et qui rendront à la vraie tâche sociale les bras et les cœurs qu'on n'avait aucun droit de lui ravir.

Ainsi, munis de ces deux armes, défendus par la douceur et par la force que vous allierez dans une juste proportion, vous ne craindrez plus rien; les difficultés que je me suis fait un devoir de vous révéler s'aplaniront comme par miracle; les épreuves deviendront des excitants et des secours; un bonheur intime et ineffable, que le monde ne soupçonnera pas et que du reste il ne comprendrait pas, vous accompagnera partout et rejaillira sur tous les vôtres. Vous serez établis dans la véritable paix et dans le saint amour, et vous apprendrez sans effort à mieux aimer et à servir plus fidèlement ce Dieu qui vous aura fait cette prospérité. Vous ne vivrez plus à deux, mais à trois, indissolublement unis à l'Auteur de toute paternité et vous lui ferez porter vos espérances et vos douleurs. Il s'asseoira au pied de vos berceaux, il prendra part à toutes les fêtes du foyer, il essuiera vos larmes, et vous puiserez dans son voisinage l'espérance d'une union éternelle que rien ne viendra plus troubler et qui mettra le comble à vos désirs de bonheur et d'amour.

Et vous, mes Frères, unissez vos sentiments et vos prières aux prières et aux sentiments des nouveaux époux. Pour venir à la fête de leur union, vous avez, selon la coutume, revêtu ce que vous aviez de plus beau afin de leur prouver par ces marques sensibles l'honneur et l'affection dont vous les entourez. Mais songez que Jésus qui préside, quoi qu'il en soit, à toute solennité humaine, demande plus qu'un ornement extérieur, et qu'il mit à la porte du festin des noces celui qui n'avait pas revêtu la robe nuptiale. Cette robe, c'est la grâce, la paix de la conscience, la pureté du cœur. C'est à la revêtir, si vous l'aviez perdue, que je vous exhorte au nom du Maître de la vie et de l'amour, afin que, non contents de rehausser par votre présence cette solennité terrestre, qui n'est qu'une image et qu'une promesse, vous soyez jugés dignes de prendre place aux noces éternelles qui se célébreront bientôt, auxquelles l'Époux divin vous a depuis longtemps invités et auxquelles il m'a chargé de vous inviter encore aujourd'hui.

TROISIÈME CONFÉRENCE

L'Épouse.

Les parents doivent mener la jeune fille jusqu'au jour où, après s'être mûrement préparée à un acte si important, il lui sera permis de fonder à son tour une famille. Gardez-vous donc, Mesdames, de lui représenter le mariage comme un simple accident, comme un événement sans portée auquel on aura assez le temps de penser quand on y sera engagé, mais répétez, au contraire, que c'est là un acte essentiel qui mérite d'être préparé de longue main, et que c'est en toute connaissance de cause et en toute liberté que les parties doivent s'unir par une fin commune.

Mais, nous le répétons, on est loin d'apporter à la conclusion de cette affaire tout le soin qu'elle exige ; on s'y décide à la hâte, souvent à l'aveugle, en se laissant mener par des considérations étrangères et sans avoir mûrement pesé les divers éléments qui doivent entrer en ligne de compte. La question de nom ou d'intérêt y prime parfois toutes les autres; souvent aussi la liberté de la jeune fille n'est pas assez sauvegardée : on l'influence; on use, à son égard, sinon d'intimidation, du moins d'une sorte de suggestion. Ses parents veulent pour elle et l'entraînent trop à vouloir ou du moins à dire : oui, sans son entier consentement. Et n'est-il pas cependant nécessaire qu'un contrat de ce genre, qui engage non pas pour un jour mais pour une vie, soit entouré de toutes les garanties possibles et conclu en toute conscience et en pleine liberté ?

De cette imprévoyance et de cette légèreté, inexcusables en pareil cas, découlent trop souvent des unions mal assorties. Des conjoints qui ne se connaissaient que de loin, après quelques visites officielles et quelques vagues entretiens, éprouvent à se fréquenter de cruelles désillusions ; l'intérêt, des considérations de famille, je ne sais quelle hâte d'indépendance les avaient poussés à contracter ce lien, ils s'aperçoivent au bout de peu de temps qu'ils se sont mépris et qu'il n'y a entre eux ni similitude de goûts, ni communauté de pensées; l'entente devient difficile, et quand ce n'est pas la souffrance, la lutte de tous les jours et de fréquents malentendus, c'est pis encore, le désordre, les querelles, l'infidélité et le divorce.

D'où la nécessité d'apporter à cet acte si important et de la réussite duquel dépend la prospérité de la famille, d'y apporter, dis-je, avec une longue et soigneuse préparation, une certaine dose de désintéressement, une connaissance mutuelle suffisante, et par-dessus tout cette conviction qu'on n'entre pas dans le mariage uniquement pour y chercher ses aises et pour y jouir de plus de liberté, mais pour s'y dévouer à l'accomplissement d'une mission humaine et d'un rôle social.

Ceci répété, et ce sont des vérités auxquelles vous devez souvent réfléchir, mères qui avez des filles que vous destinez ou plutôt qui se destinent au mariage, voyons quels sont les devoirs d'une épouse vraiment chrétienne et quelle conduite il lui appartient de tenir vis-à-vis de son mari. Elle doit en être :

La compagne fidèle,
L'auxiliaire intelligente
Et l'amie dévouée.

I.

LA COMPAGNE FIDÈLE.

Dans le paganisme, la femme était l'esclave de l'homme; elle l'est encore chez les peuples sauvages, et on l'y voit condamnée à des travaux qui ne sont pas de son sexe, à porter les fardeaux et à accomplir les plus rudes besognes pendant que l'homme se repose.

Le christianisme est venu abolir cette sujétion barbare; il a proclamé l'égalité des deux sexes, mais une égalité qui ne porte aucun tort à la hiérarchie nécessaire au maintien de l'ordre familial. Il faut, en effet, s'entendre sur la signification de ces mots qui sont aujourd'hui des sujets de discussions sans nombre : l'égalité des deux sexes. Je ne crois pas qu'on puisse raisonnablement les comparer l'un à l'autre et prétendre que l'un est en soi supérieur à l'autre. Le fait est que, naturellement et considérés en soi, ils sont égaux; ils ont les mêmes facultés, les mêmes devoirs et les mêmes droits. Mais envisagés socialement, c'est-à-dire par rapport à la famille et à l'ordre général, ils ont chacun leurs attributions spéciales, leur rôle, leurs fonctions. Chacun d'eux possède ce que l'autre n'a pas, complète l'autre et est complété par lui. Si les qualités de l'intelligence l'emportent parfois chez l'homme, il y a chez la femme un surplus de tendresse et de dévouement. Si l'un est plus énergique, l'autre est plus délicate. A eux deux, ils forment le couple harmonique et complet dont les deux parties s'accordent et se suffisent pour la même œuvre.

La femme n'est donc pas un esclave ou une ombre : elle est un être libre, en droit et de par la nature égale à l'homme, mais qui se soumet librement à lui pour réaliser l'ordre social. Partout où il y a réunion d'êtres raisonnables, partout où quelque fin doit être poursuivie et atteinte par le concours de plusieurs, il est indispensable qu'il y ait une hiérarchie. Il faut que la famille, sous peine d'être livrée au désordre, soit gouvernée par une autorité bien définie. Or, c'est au père qu'il appartient, non pas de commander seul, mais de commander plus expressément après avoir obtenu l'adhésion de celle qui ne devrait faire avec lui qu'une seule et même volonté. C'est en ce sens très raisonnable que saint Paul pouvait dire : « L'homme « est la tête de la femme », non pas que la femme n'ait pas de tête, mais parce que l'autorité étant le fait et le droit naturel des deux conjoints, c'est cependant à l'époux qu'il appartient plus spécialement de l'exercer. Et en retour j'ajouterai que la femme est le cœur de l'homme, non pas que ce dernier en soit dépourvu et que son autorité ne doive pas être inspirée par l'amour, mais parce que cet amour, ce sera surtout dans le cœur de la femme qu'il lui sera facile de le puiser et de l'entretenir.

Telle est la part respective des deux époux, et elle me semble résumée dans ces paroles que le héros d'un drame moderne adresse à sa compagne : « Vois-tu, partager comme nous le faisons,

« c'est l'essence même du mariage. L'un doit com-
« battre, livrer assaut, résister ; l'autre guérir
« toutes les blessures. Alors, seulement, on peut
« dire à bon droit que les deux ne font qu'un.
« Moi, je me battrai jusqu'à ce que je triomphe
« ou que je succombe, tandis que toi tu me ten-
« dras les coupes pleines et réconfortantes de
« l'amour, tu glisseras sous mon armure la chaude
« enveloppe de ta tendresse. »

Compagne de l'homme, étroitement unie à lui pour réaliser l'œuvre commune, la femme ne saurait lui être infidèle. Elle lui a tout donné de par un libre contrat ; elle est tenue à tout lui garder. S'il est d'autres affections où le partage est permis, dans celle-là c'est l'exclusivisme qui est de rigueur. On peut avoir plusieurs amis, on ne peut avoir qu'un époux.

De là la nécessité qui s'impose à l'épouse d'être prudente et réservée, de ne pas s'exposer sans motif aux périls dont le monde est semé, de veiller sur son cœur et ses sens avec une attention jalouse. Si elle doit profiter de ses charmes pour plaire à celui à qui Dieu l'a unie, si elle a raison de se faire pour lui belle et gracieuse et d'épancher à son profit toute la tendresse et toute l'ardeur d'un amour sanctifié, qu'elle se garde soigneusement de toute coquetterie, de cette envie de plaire et d'attirer les regards, de cette liberté d'allures qui l'exposeraient à devenir un piège pour autrui et à tomber elle-même dans les filets que le monde ne manquera pas de tendre sur sa route; qu'elle montre, en un mot, en toutes circonstances, une démarche digne et une tenue aussi modeste que possible. La simplicité et le naturel ne sont-ils pas d'ailleurs la vraie parure de la femme? Ce n'est ni dans le luxe, ni dans les détails compliqués de la toilette qu'elle trouvera le secret de se faire aimer et de plaire, mais plutôt dans un ensemble de vertus que rehaussera cette grâce exquise, fille de la simplicité, et dont on a dit avec raison qu'elle est plus belle encore que la beauté. C'est par cette fidélité à toute épreuve que l'épouse chrétienne garantira la fidélité de son époux et se le tiendra indissolublement attaché. Mais pour être sûre d'y réussir, que, non contente d'être sa compagne constante, elle devienne aussi son intelligente auxiliaire.

II.

L'AUXILIAIRE INTELLIGENTE.

Que rien de ce qui occupe ou préoccupe son mari ne lui reste étranger; qu'elle s'intéresse à son travail, à ses affaires, à toutes les questions qui captivent sa curiosité; en un mot, qu'elle vive le plus possible de tous les détails de sa vie. Le mariage, incapable d'abolir par sa seule vertu les défauts inhérents à la personne humaine, ne saurait aller sans des concessions mutuelles et sans beaucoup d'indulgence de part et d'autre.

La femme gagnera à être douce, patiente, d'humeur égale, ne faisant pas retentir le foyer de ses cris et de ses lamentations, mais travaillant à se contenir et à mettre fin aux discussions et aux malentendus par son esprit de conciliation et son bon caractère. Si elle est impressionnable à l'excès, si un rien la met hors d'elle-même, l'amour qu'elle a pour les siens et son désir de les rendre heureux l'aideront à se dominer et à montrer un visage serein et une parole calme, même au plus fort des orages intimes.

La paix du foyer est un bien si précieux qu'aucun effort ne doit coûter quand il s'agit de l'y ramener. Il vous appartient, Mesdames, de l'y faire régner par votre patience, par votre entrain, par votre volontaire gaieté et par toutes les inventions et délicatesses qui sont le propre de l'amour. Qui mieux que vous connaît les paroles qui calment et les sourires qui consolent? Qui mieux que vous sait présenter les choses et les événements sous un jour qui les rend acceptables et même faciles? Vous saurez donc vous oublier vous-mêmes pour la joie et pour le bien de ceux que vous aimez. Vous vous souviendrez, en chrétiennes que vous êtes, que la vie de ce monde est une épreuve, qu'il faut y souffrir et s'y dépenser chaque jour afin de créer autour de soi de la paix et du bonheur. A certains moments, vous saurez vous effacer pour empêcher la discorde, vous renfermer, non pas dans la bouderie ou le dépit, mais dans un silence prudent et dans une intelligente réserve : « Si « vous avez des tristesses, si vous avez des larmes, « vous les secouerez comme la feuille de rose se- « coue les gouttes de pluie qui l'ont mouillée. » Vous vous efforcerez, en un mot, d'être de caractère aussi égal que possible, dominant ces caprices, ces boutades, ces jalousies, ces impatiences sans motif qui seraient une cause d'angoisse et de regret pour vous et un sujet de tristesse pour ceux qui en supporteraient le contre-coup.

Quand le père revient de son travail, fatigué, avide de repos et de tendresse, quelle joie pour lui de retrouver les soins et les douces prévenances de celle qu'il aime, de se distraire en sa présence et d'y reprendre courage pour le labeur du lendemain! N'est-ce pas pour l'épouse le moment de déployer toutes les ressources de son cœur, d'être joyeuse, avenante et très tendre et de compenser par le don de ce qu'elle a de meilleur les longues heures où l'on est resté loin l'un de l'autre? Et quel empressement voudriez-vous que mît à regagner son foyer le malheureux qui s'attend à y trouver un visage renfrogné, des paroles rares ou trop pressées, des lamentations et des réprimandes? Quelle envie pourrait-il avoir d'y demeurer et d'y passer ses moments de liberté? Il ira plutôt chercher ailleurs les sourires et la gaieté dont il a besoin. Et si dans certains milieux l'homme boit, s'il déserte le foyer pour courir à des plaisirs malsains, n'est-ce pas quelquefois la faute de sa compagne, qui ne l'aime pas assez, qui ne s'oublie pas assez pour lui et qui ne sait pas faire les efforts nécessaires pour le retenir auprès d'elle en lui rendant sa présence agréable et son commerce reposant?

III.

L'AMIE DÉVOUÉE.

Compagne fidèle, auxiliaire intelligente, la femme doit être enfin pour son époux une amie dévouée, et par là je veux dire que, non contente de se préoccuper du bien-être, de la santé et de la joie de son époux, elle s'intéressera surtout à son âme. Elle partagera ses préoccupations, ses peines et ses doutes; elle s'efforcera de les adoucir par sa tendresse et de les apaiser par ses conseils affectueux.

Mais c'est surtout au point de vue religieux que vous userez, Mesdames, de l'influence que vous avez sur les vôtres. La foi est, en effet, en péril; il faut qu'elle soit d'une trempe bien solide pour résister à tous les coups qu'on lui porte et à ce courant de rationalisme qui envahit les milieux jusqu'ici les mieux préservés. Il vous appartient de veiller sur la foi des vôtres, d'en être les gardiennes dévouées et s'il le faut les apôtres.

a) Ou bien votre mari ne croit pas; il a abandonné pour une raison ou pour une autre, peut-être sans raison, les convictions qu'une éducation à demi chrétienne avait à demi enracinées en lui. Alors appliquez-vous à éclairer son esprit, à l'instruire des choses de la religion, à les lui montrer sous leur vrai jour et non pas sous ce faux point de vue où tant de demi-savants les présentent, à lui procurer des amitiés et des fréquentations qui pourront lui être utiles et exercer une salutaire influence sur le cours de ses idées. Ce qui éloigne souvent l'homme de la religion, quand ce ne sont pas les passions, c'est l'ignorance; c'est, pour mieux dire, une connaissance incomplète et déformée de notre doctrine et de notre morale. Il prend trop facilement pour elles certaines superstitions que des esprits étroits érigent en lois, et il ne sait pas faire le départ entre le fanatisme aveugle et le formalisme étriqué de quelques-uns et le véritable esprit de notre religion. A vous de la lui découvrir telle qu'elle est, dans sa largeur, dans son étendue, dans ses merveilleux rapports avec nos aspirations et nos besoins, dans l'ordre logique de son économie et dans ses grandes lignes où s'effacent les détails mesquins et les rugosités de la lettre.

Et puis, et ce sera le plus sûr moyen de pénétrer jusqu'au cœur de votre époux, faites rayonner sur lui votre propre foi, une foi ferme et active, sans étroitesse et sans timidité. Ne manquez aucune occasion de la professer simplement, mais énergiquement, soit en particulier, soit en public, tout en ne cessant pas de respecter les opinions d'autrui et la liberté des consciences. Et si vous montrez en toute occasion cette tolérance d'ailleurs si raisonnable, vous aurez le droit d'exiger qu'on traite avec la même vénération vos croyances personnelles.

Ainsi, par une douce fermeté et par une intransigeance toujours respectueuse de la liberté, vous pourrez, à l'exemple de Clotilde, de Monique et de tant d'autres, ramener vos époux à la foi de leur baptême et de leur première communion. Que si vous n'y parveniez pas, malgré vos prières et vos efforts, n'allez pas vous décourager; comptez sur cette bonne volonté à laquelle Dieu a toujours égard et qui fait entrer et demeurer l'âme sincère, quoique égarée, sinon dans le corps, du moins dans l'âme de l'Église partout présente et partout accueillante, et par là lui obtient le salut. Encouragez donc et louez ces dispositions; respectez-les et n'usez jamais de contrainte; ne cessez pas seulement de prier, de faire rayonner votre foi, de la manifester par les œuvres et surtout par cet amour indulgent et infatigable qui en est le fruit le plus pur, et soyez sûres que Dieu achèvera dans l'âme que vous aimez et pour le salut de laquelle vous vous sacrifiez le travail sourd, mais vainqueur, que vous y aurez commencé.

b) Ou bien votre mari croit, mais ne pratique plus, par indifférence ou par respect humain.

Alors travaillez à le ramener à ses devoirs religieux et employez pour parvenir à cette fin, avec toute votre tendresse, la puissance de la raison et du bon sens. Combattez habilement les motifs qui le détournent de l'église et des sacrements; faites-lui honte de sa timidité et de son respect humain; tâchez de le mettre en relation avec des prêtres intelligents, éclairés et vraiment imbus de l'esprit de l'évangile, afin que son cœur refroidi reprenne à leur contact un peu d'ardeur et de vie. Faites-lui surtout comprendre le devoir qui lui incombe de donner aux siens l'exemple de la pratique religieuse. Que répondra, en effet, un enfant à son père qui lui dira : « Pratique, confesse-toi et communie », alors que lui-même ne tiendra aucun compte de ces obligations ? Ne sera-t-il pas en droit de s'y refuser et de dire : « A quoi bon m'engager dans des habitudes que j'abandonnerai comme vous d'ici à quelques années ? » Il est facile, me semble-t-il, de montrer à un esprit sensé et judicieux le péril et la contradiction d'une telle attitude, et c'est par là surtout, en le prenant par l'amour qu'il a pour ses enfants, que vous attirerez peu à peu sa volonté et que vous le ramènerez à l'observance intégrale de la religion.

c) Ou bien enfin votre mari croit et pratique, et alors ce doit être entre vous une parfaite entente et comme une sainte émulation à mieux faire et à vous élever vers une piété de plus en plus fervente. Quelle joie de pouvoir unir vos prières et vos mérites, d'élever ensemble vos mains et vos cœurs vers Celui qui a créé votre union et qui la bénit, et de donner de concert à vos enfants l'exemple d'une religion qui sera la sauvegarde de leur vertu et la source de leurs énergies !

Alors je ne crains pas pour votre amour et pour votre bonheur. Vous pourrez avoir des souffrances, passer par de cruelles épreuves, peiner au rude travail de l'éducation ; de tout cela vous vous consolerez, de tout cela vous vous reposerez dans le sentiment, dans la certitude de la présence et de l'amour de votre Dieu. Il sera votre force, votre espoir et votre salut. Trempé à cette source, votre amour se purifiera chaque jour davantage, se transfigurera, et au lieu de s'affaisser avec le temps et de redouter les rides de l'âge et le froid de la vieillesse, il marchera vers son apogée et il confondra de plus en plus vos esprits et vos volontés :

Quand deux époux se sont bien longtemps adorés,
De leur passé chéri qui sur eux luit encore,
De leur jeunesse à deux un rayon tombe et dore
Comme une aube sans fin leurs fronts transfigurés.

Oui, votre amour, parce qu'il aura pour source et pour fondement l'Amour infini lui-même, durera, montera, s'embrasera en s'épurant et vous fera goûter jusqu'à vos derniers jours des joies enivrantes et des délices sacrées. Et vous ne vous quitterez dans la douleur sur cette terre que pour vivre encore du souvenir l'un de l'autre, de la pensée toujours présente et de la tendresse toujours vivante l'un de l'autre, et pour vous retrouver enfin, après l'épreuve, dans l'éternel foyer où l'on ne vieillit plus, où l'on ne souffre plus, où l'on ne se sépare plus et où règne l'éternité de la jeunesse, de la joie et de l'amour.

QUATRIÈME CONFÉRENCE

La Mère. — L'Éducatrice.

Nous avons vu à l'œuvre l'épouse, voyons-y maintenant la mère.

Être mère, c'est le rôle essentiel de la femme; c'est par là qu'elle accomplit sa mission humaine, sociale et chrétienne.

Admirable vocation! C'est par là que la femme souffre et pleure : « Tu enfanteras dans la douleur. » C'est par là qu'elle tressaille d'une indicible allégresse en contemplant dans un berceau sa propre image, en sentant palpiter dans ses bras sa propre chair; c'est par là qu'elle épanche le trop-plein de cet amour qui déborde de son être et qu'elle ne peut pas contenir; c'est par là enfin qu'elle opère son salut, puisque selon la parole des Livres saints : « La femme sera sauvée par la procréation des enfants. *Salvabitur per generationem filiorum.* »

Vocation pénible! la plus pénible peut-être, la plus féconde en fatigues physiques, en préoccupations morales, en sacrifices de toutes sortes. Il faut s'y donner en entier, s'y oublier; il faut en vivre et quelquefois même en mourir.

Vocation longue! Ce n'est pas l'œuvre d'un jour ou de quelques mois que d'être mère; c'est l'affaire de toute une existence, car après qu'on a mis l'enfant au monde, il reste de l'engendrer à la connaissance, à la foi, à l'amour, à la vie sociale, et d'en faire un homme, un chrétien et un citoyen.

Vocation importante! L'ordre social repose sur les mères; elles en constituent les assises. La société sera ce que seront les familles, la famille sera à l'image de la mère. Aussi est-ce toujours par l'éducation qu'il faut entreprendre l'œuvre de la réforme et du progrès social, et l'éducation est en première main la tâche de la mère. Si le père y intervient, s'il y travaille de concert avec elle, il ne peut ni y consacrer le même temps, ni y apporter les mêmes aptitudes. Il est pris le plus souvent par le travail extérieur; il gagne à la sueur de son front les ressources indispensables à l'entretien et au bien-être des siens; il lui reste peu de loisirs pour tenir la main à la formation de ses enfants, en particulier quand ils en sont à leurs débuts et qu'ils réclament une vigilance et des soins presque continuels. En cette affaire, la part la plus importante revient naturellement à la mère. Nous étudierons dans plusieurs conférences les principaux détails de son rôle d'éducatrice.

S'il n'est pas d'œuvre plus importante et plus grosse de conséquences que celle de l'éducation, il n'y en a pas non plus qui soit plus complexe et plus délicate.

La matière sur laquelle on travaille est, en effet, on ne peut plus fragile; c'est un organisme à peine formé, une âme naissante; ce sont des énergies encore latentes ou déjà mal orientées qu'il faut ou susciter ou redresser; c'est un être, en ébauche sans doute, mais cependant libre, qui va bientôt, s'il ne l'a déjà fait, prendre conscience de son moi, de sa vie et des influences qu'on aura exercées sur lui. Ce n'est donc plus ici le labeur qui incombe à l'artiste. Quand il veut traduire son idéal, il a sous la main une matière docile et dénuée de toute spontanéité; il a beau la manier, la frapper, elle ne risque pas de se jamais révolter, et il pourra tâtonner longtemps et s'exercer à mille ébauches avant de parfaire son chef-d'œuvre. Ici, au contraire, les tâtonnements sont interdits; il faut aller droit, frapper juste, sous peine d'entamer et de défigurer sans retour une matière à la fois tendre et résistante. C'est avec autant de prudence que d'amour qu'il importe de la manier, car elle se rappellera comment on se sera conduit à son égard et votre enfant pourra un jour vous dire : « Voilà ce que vous avez fait de moi. »

S'il en est ainsi, la femme ne doit-elle pas être

préparée de longue main à son rôle? On ne s'improvise pas éducateur; on le devient par l'étude, par l'expérience et par l'acquisition d'un ensemble de vertus au premier rang desquelles il faut placer la patience, l'énergie du caractère, la tolérance et le respect de la liberté vivante.

Et cet apprentissage devrait faire partie de la formation de la jeune fille; plus qu'une savante, ce qui est quelquefois synonyme de pédante, plus qu'une artiste, ce qui est aussi souvent synonyme de femme capricieuse et frivole, il faut tendre à en faire une éducatrice, et pour cela la mettre au courant de tous les secrets de cet art essentiel et lui inculquer les vertus pratiques sans lesquelles il n'est pas possible d'y réussir.

Ainsi outillée d'avance, la femme pourra s'appliquer avec succès à former tout l'enfant, son corps et ses facultés, raison, cœur et volonté. Et d'abord son corps. C'est à la mère qu'il appartient de le nourrir et de présider à sa croissance.

I.

LE NOURRIR.

Vous savez quels soins réclame la frêle vie de ces petits êtres, leurs premiers développements, et avec quelle persévérance il faut veiller jour et nuit pour que cet organisme malléable à merci et exposé à toutes les influences croisse dans le bon sens sans déformation et sans défaut d'aucune sorte. Si l'on veut une âme saine et énergique, ne faudra-t-il pas qu'elle ait à sa disposition un corps bien venu et équilibré dans toutes ses parties? A vous de travailler dès la première heure à le mettre en cet état, et cela par une vigilance qui n'ait pas de répit, par la scrupuleuse observance des règles de l'hygiène, par l'application d'un régime non pas mou et énervant, mais à la fois énergique et prudent.

Et, d'abord, ne livrez pas sans raison cette chair qui est la vôtre à des mains mercenaires qui pourraient la déformer à leur guise. A part dans certains cas exceptionnels que légitime la nécessité, n'est-il pas pénible de voir des mères, et des mères inoccupées, se décharger sur des remplaçantes du soin de nourrir et d'élever leurs enfants? Cela ne prouve-t-il pas une triste déviation du sentiment maternel et je ne sais quel obscurcissement du sens de la responsabilité? On sait bien cependant, de nos jours plus que jamais, après toutes les expériences d'une science très exacte, on sait combien en chacun de nous l'état de l'organisme et la moralité ont des rapports étroits, comment nos parents nous forment à leur ressemblance et nous transmettent avec leur sang leurs mauvaises mais aussi leurs bonnes dispositions. Une mère devrait-elle donc avoir de plus pressant désir que celui de pétrir son enfant à son image et de lui inculquer, en le couvant de son amour, ses propres vertus? Rien n'est plus capable de la porter au bien et de la détourner du mal que cette pensée : Mon enfant sera solidaire de mes fautes ou de mes efforts; il sera ce que je le ferai et ce que je serai moi-même.

Oublie-t-on aussi qu'en confiant ces petits êtres à des bras mercenaires on les expose à hériter non seulement des vices d'un sang inconnu, mais encore des déformations de la volonté, et à recevoir, avec de funestes impressions, le germe d'habitudes vicieuses dont il leur sera presque impossible de se débarrasser? C'est malheureusement ce qui a lieu trop souvent. Les mères qui sont forcées par les circonstances de confier leur enfant à un sein étranger ne prennent pas toujours toutes les précautions requises et ne regardent d'assez près ni à la santé, ni surtout à la moralité de celles qui doivent les remplacer dans cette fonction primordiale. D'autres se dispensent, sans raison suffisante, d'accomplir ce premier devoir. N'ayant à cœur que de satisfaire leur besoin de luxe et de jouissance, détournées des sentiments les plus naturels par je ne sais quel égoïsme monstrueux, elles se désintéressent plus ou moins de ces premiers développements de leur enfant et s'en rapportent à d'autres des soins si minutieux qu'ils exigent.

Dans les classes ouvrières, la femme, appelée au dehors par les nécessités de l'existence, ne peut pas toujours malheureusement s'acquitter de sa fonction. On est souvent réduit à nourrir l'enfant avec le lait des animaux qui est, paraît-il, presque insuffisant à sa croissance. Il est vrai qu'on cherche le moyen d'y ajouter les principes nutritifs dont il est dépourvu. Mais, quelque progrès que l'on réalise en ce sens, rien ne vaudra jamais pour les nouveau-nés le lait et la chaleur de leur mère. Il est donc à souhaiter que la législation du travail, de mieux en mieux comprise, permette à la mère de famille de demeurer auprès des siens pendant cette période de l'allaitement, ou du moins que l'on multiplie de plus en plus dans les usines et les ateliers ces crèches qui permettent aux ouvrières de remplir, en même temps que leur tâche matérielle, leurs devoirs maternels.

Godefroy de Bouillon, le héros de la croisade, hérita sans doute de l'énergie et des vertus chevaleresques de sa mère. La comtesse Ida n'entendit pas que son fils prît le lait d'une autre nourrice : cela, disait-elle, le « dénaturerait ». Un jour, comme l'enfant s'éveillait en poussant des cris, une dame, pour le calmer, lui présenta le sein. La mère s'en aperçoit; l'émotion la fait pâlir et, bondissant comme une lionne, elle se précipite sur son enfant, l'arrache à cette nourrice improvisée, l'étend sur une table et lui fait rendre jusqu'à la dernière goutte le lait étranger qu'il venait de prendre.

Sans méconnaître l'exagération que renferme une telle conduite et qu'il faut mettre sur le compte des mœurs de l'époque, j'admire cette mère qui veut que son fils soit vraiment à elle, lui ressemble en tous points et ne cherche pas ailleurs qu'en elle-même ce qui peut le nourrir et le fortifier. Agissez ainsi, mères chrétiennes, et par vos soins assidus, par un dévouement qui aille jusqu'au sacrifice, faites que vos enfants soient bien vôtres et qu'ils héritent de vos bonnes dispositions et de vos vertus.

II.

PRÉSIDER A SA CROISSANCE.

Non contentes de nourrir vos enfants, mères chrétiennes, il vous appartient de présider à leur croissance physique et de veiller à ce qu'aucune des pièces qui composent cette merveilleuse machine qu'est le corps humain ne soit ni faussée, ni atrophiée, ni développée sans mesure.

Et d'abord, l'enfant n'a besoin, pour grandir et se fortifier, ni de langes mous et luxueux, ni de rideaux de dentelle, ni de chambres chaudes et capitonnées; au contraire, il se développera d'autant mieux que son corps sera plus à l'aise, que l'air pénétrera plus librement dans sa poitrine et que le jeu de ses membres ne sera pas contraint par je ne sais quelles entraves inutiles. Et en même temps que cet organisme s'assouplira et s'accoutumera aux duretés de l'existence et aux intempéries des saisons, la volonté encore informe, se déployant peu à peu, ne courra pas autant le risque de contracter déjà certaines inclinations perverses et l'habitude du laisser-aller et de la paresse.

Tout se tient, en effet, dans l'homme; l'âme et le corps jouent de concert et influent mutuellement l'un sur l'autre. Et l'enfant, puisqu'il faut qu'il devienne un homme, doit être sevré dès les débuts de tout ce qui pourrait l'efféminer et enrayer le développement de sa virilité. Le luxe l'amollit; quand on l'y plonge, on risque de comprimer l'essor de ses facultés; il lui faut une bonne hygiène sans doute, une nourriture saine et fortifiante, mais pas de vêtements compliqués, pas d'ornements inutiles, pas de mets délicats. Ce n'est pas une poupée, c'est un homme en germe; ce n'est pas un petit animal, c'est une âme immortelle et libre qui va se servir, pour atteindre sa fin, d'un instrument rebelle auquel il importe de faire sentir de bonne heure qu'il doit servir et n'être qu'un esclave. La toile, l'air, l'eau pure et la chaleur de sa mère valent mieux pour l'enfant que tous les molletons, que toutes les flanelles et que tous les produits de la gourmandise et du luxe. C'est la nature et c'est la raison qui le veulent ainsi ; bien plus, c'est la vertu qui l'exige.

En tout cas, si l'enfant, à cause de la faiblesse de sa constitution, réclame des soins plus minutieux, qu'on se garde de tout excès, et, tout en veillant soigneusement sur lui, qu'on s'applique à aguerrir le corps anémique en lui fournissant, avec l'air dont il ne saurait se passer, l'exercice qui est avec la nourriture le meilleur des fortifiants.

Ces règles, qui sont plus facilement observées par les classes moins fortunées, ne doivent pas être ignorées des autres, sous peine d'une dégénérescence de plus en plus rapide de la race. Ne semble-t-il pas que, dans certaines familles qui ont un nom et de la richesse, l'enfant doive pour ainsi dire tenir son rang dès le jour de sa naissance et qu'il lui est interdit d'y déroger par une simplicité qui risquerait de le compromettre avec le commun ?

Alors on le couvre, on l'attife, on le fait disparaître sous des flots de mousseline et de dentelle. On cherche l'être vivant, on ne voit plus que l'étoffe. On se demande avec effroi par où l'air nourricier pourra passer, comment les membres trouveront le moyen de s'exercer. Ce ne sont plus de ces bébés charmants et éveillés, déjà ouverts au monde qui les entoure, respirant librement par tous les pores, ce sont des poupées, des bibelots que l'on expose et que l'on promène pour leur plus grand mal et pour le plus grand orgueil des parents. Modes ridicules que maintient, malgré toutes les protestations de la raison et de l'expérience, une imbécile vanité; funestes manies qui, sans qu'on y prenne garde, commencent à rendre déjà très malaisée l'œuvre de l'éducation et entourent l'enfant d'une ambiance contraire à la fois à sa santé et à sa vertu.

Quand donc les parents en viendront-ils à écouter le bon sens? Quand s'en rapporteront-ils à l'expérience et aux conseils des hommes éclairés avant d'appliquer aux leurs une méthode antinaturelle?

Espérons que ce sera bientôt. Sans cela, les tempéraments déjà épuisés par l'anémie iront en s'usant davantage, et nous nous verrons contraints de céder le pas à des peuples moins douillets, élevés au grand air, aguerris par une vie de sobriété et d'initiative. Il est des époques où la civilisation, mal retenue dans ses digues, se prend à dévier, elle se révolte contre les lois de la nature et se fait forte de les enfreindre. Il est alors urgent de rappeler le progrès dans sa voie et de lui marquer ses limites, sous peine de retourner à la décadence par excès de raffinement et de perdre en quelques jours ce qu'il a fallu tant de siècles pour gagner.

En même temps qu'au fonctionnement régulier des organes, veillez à la direction et au bon maintien de tous les membres. Il n'est pas rare, en effet, que par l'imprudence de ceux qui les portent les enfants acquièrent des attitudes défectueuses, ou encore que, par l'imitation de ceux qui les entourent, ils s'accoutument à certains tics ou à des manies peu séantes.

Que, s'ils naissent atteints de quelque difformité, les parents, loin de faire retomber leur dépit sur le pauvre petit être, doivent user de tous les moyens en leur pouvoir pour le rétablir, et s'ils n'y parviennent pas, compenser par plus d'indulgence et d'amour les satisfactions que l'infortuné ne pourra pas se procurer ou le mépris dont il sera l'objet de la part des méchants.

Enfin, mères chrétiennes, apprenez à l'enfant à parler. Quel devoir plus doux et plus fertile en émotions que celui-là : entendre bégayer cette âme, la voir s'éveiller et sourire dans des mots incomplets et naïfs et peu à peu consolider cette élocution naissante, la former, la perfectionner afin qu'elle devienne pour la pensée un outil puissant et précis! La parole, mais elle est le trait distinctif de l'homme, la marque de sa supériorité et de sa grandeur, car elle est la forme sensible de son intelligence et de son âme et aussi l'organe par excellence de la vie sociale. Rien ne doit être négligé dès le début pour qu'elle devienne aussi pleine, aussi riche que possible, et il faut s'astreindre par de longs et persévérants exercices à en corriger tous les défauts et à en combler toutes les lacunes.

Tels sont les moyens par lesquels vous pourrez vous flatter de faire des hommes sains de corps et dès lors capables de devenir libres de cœur et puissants de volonté.

O Jésus, vivant en Marie, venez et vivez aussi dans le cœur de toutes les mères! Inspirez-leur le sentiment de leur vocation, la conscience de leur responsabilité, et cette conscience faites qu'elles la prennent dès le premier instant et avant même que leur enfant repose dans son berceau. Détruisez en elles par la flamme de votre amour l'égoïsme, la sensualité, la vanité, qui sont les plus grands ennemis de leur fonction sociale. Qu'elles vivent, qu'elles souffrent, qu'elles agissent non pas pour elles, pour leur plaisir, pour la satisfaction de leurs besoins de luxe ou de jouissance, mais pour le foyer qu'elles ont mission de fonder et de maintenir, pour la société dont elles doivent renouveler les assises, et pour l'Église qui leur demande des enfants afin d'en faire des apôtres et des élus.

CINQUIÈME CONFÉRENCE

La Mère. — L'Éducatrice (*suite*).

En même temps que la mère façonne et fortifie le corps de son enfant, il lui appartient d'ouvrir son intelligence, de lui inculquer les notions élémentaires et de lui fournir, avec les premiers rudiments de la science humaine, les premières données de la foi. C'est sans timidité mais aussi avec prudence qu'il faut travailler au développement de cette faculté.

La raison, telle est en effet dans l'homme la puissance maîtresse, celle qui occupe, si je puis m'exprimer de la sorte, le sommet même de l'âme, le poste où l'on veille, d'où l'on dirige, d'où l'on commande. Être raisonnable, c'est la caractéristique de l'homme, ce qui le distingue des créatures inférieures; être pleinement raisonnable, ce serait mériter le titre d'homme parfait.

Donc, si cette faculté est bien formée et vigoureusement assise, si elle a été munie de principes clairs et de convictions solides et si la certitude dont elle jouit à l'égard de certaines vérités ne l'empêche pas de demeurer largement ouverte à la réalité, toujours susceptible d'être mieux connue, alors il est rare qu'elle ne soit pas la maîtresse, qu'elle ne domine pas nos sens, nos instincts, nos inclinations désordonnées et qu'elle ne maintienne pas notre nature dans ce juste milieu, dans cet équilibre relatif qui constitue ici-bas la droiture et la vertu.

D'ailleurs, plus elle est puissante, et plus elle offre à la foi qui est son couronnement une base solide pour se fonder et s'affermir. L'exercer, c'est donc préparer le terrain à la foi. Et je suis de l'avis de Fénelon, qui disait que nous manquons plus souvent de raison que de religion, c'est-à-dire que nous ne sommes pas assez religieux parce que nous sommes peu raisonnables. Si nous l'étions davantage, si nous l'étions pleinement, loin de voir dans la religion tant de contradictions et de nous y heurter à tant d'obstacles, nous n'y apercevrions que de sublimes convenances et d'attirantes harmonies, et le mystère nous y apparaîtrait environné dans son obscurité d'une telle auréole que nous nous y jetterions avec confiance comme dans l'océan de la lumière.

Il importe donc avant toutes choses, quand il s'agit d'éducation, de s'adresser à la raison naissante de l'enfant afin de la former comme il convient. C'est une coupe à peu près vide en laquelle il faut verser goutte à goutte et avec beaucoup de précaution, de peur de la fêler, la somme des vérités qu'elle peut contenir; ou plutôt c'est un foyer qui sommeille, qui couve et qu'il faut éveiller peu à peu et sans brusquerie de peur que le feu ne se répande et, excité par les passions, ne détruise au lieu d'éclairer.

Éveillez donc la curiosité de l'enfant au sujet de ce qui l'entoure; répondez à ses interrogations; provoquez-les; pliez vos explications à sa mesure; inculquez-lui des vues justes et précises; attisez en lui l'amour de la vérité, la haine de l'erreur; rendez-le, en un mot et progressivement, capable d'idées générales et universelles non pas limitées à un ou plusieurs individus, à un ou plusieurs faits, mais s'étendant par delà le particulier à la création tout entière et par elle à Celui dont elle manifeste la vertu infinie.

Ouvrir ainsi la raison sur Dieu qui est la source et le centre de la réalité, voilà le moyen le plus efficace d'en susciter les énergies et de l'orienter dans sa voie. Qu'est-elle d'ailleurs et au fond autre chose, cette raison, qu'un reflet du Verbe éternel « qui éclaire tout homme venant en ce monde », qu'une participation à sa puissance illimitée de comprendre, à sa science actuelle et infinie? Puisqu'elle a sa racine en Dieu, c'est donc en lui et par lui qu'elle doit comprendre et juger. De là, la nécessité de tourner de ce côté les vues de l'enfant, de lui montrer à travers les voiles de la nature, dans les manifestations de l'art, dans les leçons de l'histoire et de la vie, surtout dans les pratiques de la religion, cette vérité concrète et absolue, et par là de lui faire acquérir sur tout le reste des idées aussi élevées, aussi justes et aussi générales que possible. Connaître Dieu, juger à sa lumière, n'est-ce pas la condition *sine quâ non* de toute connaissance complète, car il est à la base et au terme de tout, et il ne saurait y avoir de vérité, de justice et de vertu que par rapport à Lui et par participation avec Lui?

Mais ce Dieu vers lequel vous devez orienter l'intelligence de vos enfants, mères chrétiennes, il ne faut pas que ce soit un être abstrait, perdu en je ne sais quels espaces, confondu avec je ne sais quelles lois; il faut qu'il soit le Dieu personnel et vivant, le Dieu intime, le Père habitant toute conscience libre et toute bonne volonté, l'Être parfait, règle de toute vie, sanction de tout mérite, base de tout devoir, celui en un mot que la raison bien informée appelle et exige et que la foi met sous ses prises, et cela dès les premiers jours, par le baptême. Il vous sera, en effet, d'autant plus facile d'élever vers ce Dieu vivant l'esprit de vos enfants qu'il résidera réellement en eux par la grâce de ce sacrement.

Et sur ce point, gardez-vous d'oublier l'obligation où vous êtes vis-à-vis des vôtres. Que de fois une négligence sans excuse ne retarde-t-elle pas cet acte capital et n'expose-t-elle pas le petit être à mourir dans une condition bien inférieure à celle où le baptême l'aurait immédiatement placé! C'est sans le moindre retard, dans l'intervalle des huit premiers jours, plus tôt, tout de suite, si les circonstances l'exigent, qu'il faut s'empresser de détruire dans cette âme la lacune originelle et de la remettre en possession de tous les droits dont elle n'a pu hériter par la faute des premiers ancêtres de notre race. En agir autrement, ce serait faire fi de l'avenir et du bonheur de ceux que l'on prétend aimer.

Et quand le petit revient, transfiguré par l'onde baptismale, quand la mère le retrouve entre ses bras, tout autre, devenu roi, changé en Dieu, portant en sa substance l'image de la Trinité, de quel amour nouveau et de quel respect plus profond ne devrait-elle pas le prévenir! Ce n'est plus une simple créature qu'elle presse sur son cœur et qu'elle nourrit, ce n'est plus un être déchu, sans pouvoir et sans prestige; c'est, par la vertu mystérieuse du sacrement, le frère même de Jésus-Christ, l'héritier de sa gloire, un ami, un familier, plus que cela, un enfant du Dieu tout-puissant dont il a reçu la vie et dont il partagera l'éternelle félicité. Sans se faire illusion, la mère la plus pauvre peut comparer son fils aux rois les plus puissants; elle peut l'élever vers le ciel au-dessus de tout ce qui l'entoure, car cet innocent, cet être encore en ébauche, l'infini le pénètre, le possède, habite en lui, et les trois personnes divines reflètent sur son visage et dans son sourire leur noblesse et leur majesté.

Et dès lors, comprenez bien en quoi devra consister l'éducation du nouveau baptisé. Ce n'est pas seulement un homme qu'il s'agit d'en faire, c'est aussi un chrétien. Il importera donc de développer en lui, en même temps que les aptitudes physiques et les facultés naturelles, les habitudes surnaturelles et les vertus dont le sacrement a déposé le germe dans son âme : œuvre infiniment délicate et qui exige de la part des éducateurs non seulement du zèle et du désintéressement, mais aussi cette foi et cette charité qu'ils ont mission d'entretenir et de fonder dans leur élève. Si les parents se contentaient de vouloir leur enfant bien portant, cultivé et doué des vertus purement humaines, telles que l'honnêteté, la franchise, le sens de l'honneur et de la justice, ils sacrifieraient toute une part, et non la moins importante, d'une vie dont le sort est entre leurs mains, ils en étoufferaient les plus précieuses manifestations, et leur insouciance ferait de ce jeune baptisé une sorte de monstre, un être tronqué en qui la raison, la volonté et le cœur seraient arrêtés à mi-chemin de leur développement.

Qu'ils se souviennent donc que dans ce cerveau, dans ce cœur, dans ces membres réside la grâce, circule la vie surnaturelle, et qu'elle aussi réclame son aliment et que cet aliment elle ne le trouvera que dans la foi active et dans la religion pratique du père, de la mère surtout, et de tous ceux qui auront charge de l'âme de l'enfant.

Il est une autre question qui ne saurait vous être indifférente et dont il est bon de dire un mot à propos du baptême. C'est le choix du patron de l'enfant. Quel nom lui donnera-t-on? Celui d'un saint qui veillera sur lui et sera son céleste mentor. On choisira le patron du parrain ou de la marraine, des aïeux ou des parents eux-mêmes, ou bien le saint en qui on a une confiance spéciale et dont la vie a été un modèle frappant de telle ou telle vertu que l'on préfère. Très bien; mais il sévit en certains milieux je ne sais quelle mode ridicule. On ne se préoccupe plus de la sainteté du nom que l'on donne ni de la personne sacrée qu'il représente, mais du nom tout seul, et on s'inquiète surtout de savoir si ce nom sera d'un bel effet, s'il ne paraîtra pas trop commun aux oreilles de distinction et s'il tranchera assez sur les appellations trop populaires. Alors, on s'ingénie à découvrir en je ne sais quels calendriers les noms les plus fantaisistes ou à estropier ou défigurer l'orthographe ou la prononciation des noms communément portés. Cela sonne mieux, jette de la poudre aux yeux, et l'enfant ainsi distingué sera mis hors du commun et tranchera sur le vulgaire.

Quoi de plus ridicule? Et n'est-il pas petit que de s'abaisser à des calculs de ce genre et que de faire intervenir une sotte vanité et je ne sais quelle morgue aristocratique dans une affaire qui en soi est sérieuse et sacrée? C'est pourtant ce qui se passe, ce à quoi vous avez pu assister, si toutefois vous n'avez pas été un peu victimes de cette mode païenne.

Prenons garde; n'imitons pas ceux qui ont à cœur de tout débaptiser, nos rues, nos places, nos monuments, et qui trouvent qu'il n'y a pas assez de gloire dans le nom de nos saints pour illustrer mieux que tout autre titre tout ce qui a l'honneur d'en être revêtu. Demandons à Dieu qu'il inspire à nos familles un esprit plus chrétien, qu'il leur fasse considérer le baptême avec tout le sérieux qu'il comporte, comme un acte qui a sur la vie une portée sans précédent. Que, se dégageant de toute vue intéressée et égoïste, les mères chrétiennes, de concert avec leurs époux, recherchent avant tout les intérêts éternels de leurs enfants, et que, conscientes de ce qu'ils sont devenus par le baptême, elles les traitent en conséquence et fassent d'eux des chrétiens convaincus, confirmés pour la vie dans la foi et dans la pratique qui en est le fruit.

Mais, je le répète, si vous voulez y réussir, travaillez sans relâche à développer leur raison.

Vous ne ferez pas, soyez-en sûres, de vos enfants des chrétiens si vous n'avez pas commencé par en faire des êtres vraiment raisonnables, imbus du culte de la vérité, ou plutôt, pour mieux m'exprimer, c'est parallèlement que vous devez former en eux le raisonnement et la foi, le bon sens et le sens religieux, la pensée et la conviction, car si vous ne tendiez qu'à assurer leur foi sans vous occuper de redresser leurs préjugés, d'élargir leur raison, vous n'aboutiriez à rien, si toutefois vous n'en faisiez pas des esprits faux et des âmes étroites.

Ne vous rangez donc pas parmi ces timides et ces sots qui ont peur de la raison humaine, sans doute parce que la leur n'a pas quitté les langes. Ne vous imaginez pas que le puissant et loyal exercice de cette faculté aboutisse ou au scepticisme ou à l'irréligion. C'est le contraire. Logiquement, la raison, bien dirigée et menée jusqu'au bout, postule le christianisme et découvre en lui la vérité pleinement conforme à tous les besoins et à toutes les aspirations de notre nature. Ne craignez donc pas de susciter chez les vôtres cette puissance du raisonnement, ce sens de la libre discussion, cette vigueur de la logique, cette largeur de vues qui rendront vos enfants capables d'embrasser librement et en connaissance de cause non pas des illusions ou des mensonges, non pas des erreurs parées des dépouilles de la vérité, mais la vérité même et la vérité tout entière.

Faites-leur comprendre de bonne heure que l'adhésion exigée par la foi n'est pas une démission de leur raison, mais au contraire la preuve de sa maîtrise et de sa liberté. Pour cela, donnez-leur une instruction religieuse très soignée; faites-les sortir dès qu'ils le peuvent de la lettre étroite du catéchisme pour leur faire goûter l'esprit qui en déborde.

Beaucoup de parents ne manquent-ils pas sur ce point à leur devoir? La religion dont ils nourrissent ces intelligences naïves, ce n'est pas toujours la vraie, celle que l'Eglise a toujours enseignée par l'organe de ses docteurs et qui n'est nullement contraire à la raison, quoiqu'elle lui soit souvent supérieure, mais c'est une série d'affirmations vagues et incomplètes dont l'enfant ne s'explique ni la suite ni le sens. Il croit par crainte ou par routine, il ne distingue pas assez ce à quoi il croit. Il tremble à ces mots : enfer, péché mortel; il sourit à ces mots : Dieu, ciel, mais dès que sa raison s'est développée, ces mots n'ont plus pour lui de contenu, car on n'y en a pas mis et ils sont sinon vides, du moins remplis de je sais quelles conceptions fausses et incomplètes.

Et voilà pourquoi, mères de famille, vous ne serez jamais trop renseignées sur ces questions, vous ne prierez ni n'étudierez jamais assez, et vous ne suivrez non plus jamais assez les prônes et les conférences sur la religion. Au lieu de perdre un temps précieux dans des lectures ou des distractions frivoles, combien vous feriez mieux d'acquérir une science de plus en plus exacte des questions capitales qui intéressent, en même temps que votre salut, celui de vos enfants !

Dès le berceau, formez leurs lèvres candides à prononcer le nom de Jésus et de Marie, à bégayer les certitudes de la foi, et à mesure que la raison s'ouvrira, que le cœur s'élargira, imprimez-y peu à peu, avec les premières notions, le culte des choses éternelles. Et continuez sans relâche. Ne dites pas que l'enfant a commencé à suivre les catéchismes et que votre tâche est finie ; elle ne fait que de commencer, car il vous appartient de développer et de préciser ces leçons du catéchisme et de les faire passer de la mémoire où elles croupiraient dans l'intelligence et dans le cœur où elles deviendront amour et vie.

Il vous semble parfois que vous êtes en règle quand, ayant allaité votre enfant et l'ayant conduit jusqu'à l'âge de l'école, vous lui fournissez sa nourriture, ses vêtements et quelques caresses. Et la vérité? est-ce que vous ne la lui devez pas? Est-ce qu'il n'en a pas faim, et n'a-t-il pas le droit que vous la lui dispensiez? Car de qui la recevrait-il, sinon de vous? Du prêtre? mais là où il n'y en a pas? et même s'il y en a, le prêtre trouvera-t-il aussi bien que le père et la mère le chemin qui va droit et aboutit à fond?

Nous le savons bien, nous qui avons eu l'honneur d'être employés à ce grand œuvre de l'éducation, nous réussissons très peu auprès des enfants qui ne reçoivent pas au foyer le pain de la vérité; ils n'y trouvent aucun goût, quand nous le leur rompons. Il faut qu'ils aient appris à s'en nourrir sur le cœur de leur mère.

Oui, Mesdames, votre responsabilité est immense. Vous avez en main le salut éternel de ces chères âmes; les germes que vous y déposerez sont indestructibles, rien ne les étouffera, et un jour, serait-ce le dernier, ils lèveront. Si vous n'avez rien semé, il est presque impossible que d'autres puissent le faire, et alors, ne comptez pas sur nous; en faisant tout ce que nous pouvons, nous ne pourrons que très rarement faire assez.

Prenons garde. La crise de la foi vient de la crise que subit la raison humaine. Elle s'égare, elle se perd, et, ne se possédant plus, elle se laisse dominer par l'imagination, la passion et surtout par l'orgueil. Relevons-la, rendons-lui en nous et dans les nôtres, avec la maîtrise de soi, l'humilité et la rectitude, car ce n'est que par elle et avec elle que nous pourrons marcher non plus par des chemins obscurs et glissants, mais par les voies lumineuses de la conscience et de la liberté.

SIXIÈME CONFÉRENCE

La Mère. — L'Educatrice (*suite*).

En même temps que la raison de l'enfant, mères chrétiennes, vous développerez sa volonté et sa conscience.

I.

SA VOLONTÉ.

La volonté, c'est une des facultés essentielles de l'homme, presque l'égale en importance de la raison; si bien que sans elle ni vertu, ni dévouement ne seraient possibles. En négliger la culture, c'est s'exposer à devenir le jouet des sens, de l'imagination, de toutes les influences du milieu; c'est abdiquer sa liberté pour se mettre à la remorque des tyrans qui s'appellent l'orgueil, l'égoïsme, la sensualité.

La volonté maintient l'équilibre en donnant le sceptre à la raison, en imposant la loi que cette puissance directrice propose, et en l'étendant pratiquement à toutes les parties du composé humain. Racine de l'ordre, elle est la condition de la vertu. On a beau voir juste et désirer bien faire, tout cela reste vain tant que la volonté n'intervient pas pour le réaliser et le réduire en acte.

Or, quand il s'agit de former et d'exercer cette faculté chez l'enfant, il est un écueil à éviter.

La tendresse ne doit pas se tourner en faiblesse et il faut qu'elle soit assez forte et assez maîtresse d'elle-même pour faire passer le bien et le progrès de l'enfant avant la crainte de lui imposer de nécessaires souffrances. Souvent les parents se recherchent eux-mêmes dans leurs enfants et soignent en eux leur chair égoïste; ils ne refusent rien à leur entêtement et à leurs caprices, ils les livrent sans frein à leurs instincts, et sous prétexte de leur éviter, mais au fond pour s'éviter à eux-mêmes de la souffrance, ils se refusent à les corriger. Calcul insensé! car ils préparent ainsi à ceux qu'ils prétendent aimer une vie malheureuse, car la gêne et la tristesse passagères qu'ils ont tant à cœur de leur éviter leur eût été un préservatif contre des épreuves beaucoup plus cruelles et contre des contrariétés dont leur nature mal réfrénée et leur égoïsme sans retenue deviendront bientôt la source.

Ce sont ces êtres que le bon sens populaire,

souvent si juste dans son originale concision, appelle des « enfants gâtés ». Et qui les a gâtés ? Ce n'est pas la nature. Ils auraient pu comme tant d'autres devenir aimables et respectueux. C'est leur entourage, c'est leur père, c'est leur mère, c'est parfois l'un et l'autre.

Ils n'ont pas su ou n'ont pas voulu user de leur autorité, s'imposer à ceux dont ils avaient la charge, et ils sont ainsi devenus leurs humbles serviteurs, pour ne pas dire leurs esclaves.

Voyez plutôt ce jeune tyranneau. Il peut à peine s'exprimer; il n'a pas encore pris pleine conscience de soi, et il est déjà le maître et il réduit une femme, un homme, dans toute la possession de leurs facultés, à le servir en toutes choses. Ses moindres exigences doivent être obéies. Hésite-t-on, il suffit qu'il insiste, qu'il affirme son caprice par des cris et des trépignements pour qu'on satisfasse aussitôt ses envies les plus déraisonnables. Aucune discipline ne préside à cette éducation; seule cette volonté, chaque jour plus exigeante, a force de loi. De châtiment, il n'en est pas question, ou si on en promet, on n'y tient jamais la main, et le petit sournois sait à quoi s'en tenir sur ces réprimandes sans résultat. Il peut dire avec raison : « Moi et mes parents, nous faisons tout ce que je veux. »

« Je veux », c'est en effet ce mot, ridicule et

terrible dans une bouche à peine formée, qui retentit sans cesse et qui fait planer sur le foyer comme une sorte de terreur.

Et c'est ce qu'on appelle : aimer un enfant.

Mais c'est de la folie! c'est la mère capable de tant de faiblesse, c'est le père assez imbécile pour se laisser mener par un nouveau-né, ce sont eux qui s'aiment en lui d'un amour égoïste et monstrueux. Et en cherchant ainsi leur tranquillité, ils déforment ce petit être, ils le corrompent, ils cultivent le champ où vont s'épanouir tous les vices et ils n'agissent pas autrement à son égard que ne le ferait son plus cruel ennemi.

Considérez plutôt quel est le résultat de leur méthode d'éducation ou plutôt de déformation.

Assuré que rien ne lui résistera puisqu'il a vaincu l'empire paternel, le petit égoïste devient son propre adorateur. Il n'en a plus que pour lui seul. Dur envers ses parents qu'il traite en valets, il punit de ses fautes par des bouderies calculées ceux-là mêmes qui devraient lui en infliger le châtiment. Il n'a pour les inférieurs que du mépris ou des injures; quant aux petits et aux pauvres, il ne saura jamais ce que c'est que d'en avoir pitié.

Quels hommes et quels citoyens cela va-t-il nous faire? On les voit en nombre, ces enfants gâtés, parvenus à l'âge viril, on les voit errer à travers les plaisirs, sans conscience, sans but, incapables du moindre élan et de la moindre générosité. Tout doit converger vers eux, servir à leur orgueil et à leur luxure; il n'y a rien à part eux que de méprisable, et l'instrument de leur jouissance lui-même, c'est avec insolence qu'ils le traitent et avec dédain qu'ils le rejettent loin d'eux après en avoir lâchement et indignement abusé.

Et ces êtres sans cœur, sur qui comptaient les parents aveuglés pour consoler leur vieillesse, ces ingrats délaissent leurs auteurs et les traitent sinon comme le commun, du moins avec une hautaine indifférence et une pitié de commande.

Ah! je ne vous mettrai jamais trop en garde contre un tel malheur! Plus que jamais vous gâtez vos enfants, vous en avez peur, vous devenez leurs esclaves et vous ne savez plus faire rayonner au foyer, dans tout son éclat, cette autorité que vous tenez de Dieu. C'est le reflet de la sienne, c'est l'image de sa propre paternité; vous la ravalez, vous changez votre sceptre en quenouille et vous vous affublez, à la place de la couronne royale qui vous convient, du bonnet égalitaire.

Et cependant, n'en faites-vous pas chaque jour l'expérience? Quels sont les enfants les meilleurs, les plus aimables, les plus dociles, sinon ceux qu'on a élevés avec une certaine rigueur? Il n'y a pas d'éducation possible, si la crainte n'est pas à la base; je ne dis pas la peur qui est un instinct purement physiologique, mais la crainte qui n'est autre chose que la forme que revêt le respect dans la nature timide de l'enfant. Si vous l'aimez comme il faut, si vous le lui prouvez en l'écartant de tout ce qui est mal, si vous le formez par vos caresses mais aussi par vos reproches, par de tendres paroles mais aussi par de sages remontrances, cette crainte nécessaire aura bientôt fait de perdre ce qu'elle peut avoir de pénible, de se fondre dans une tendresse virile et respectueuse et de devenir en un mot le veritable amour filial.

Que rien ne vous fasse donc négliger, mères chrétiennes, de former dans vos enfants une volonté robuste, aguerrie, armée pour la lutte et pour le sacrifice. Rien de plus essentiel, et l'oublier serait compromettre sérieusement l'œuvre de l'éducation.

Ne vous faites pas illusion en effet. Vos enfants, quelque nom qu'ils portent et de quelque fortune qu'ils jouissent, naissent pour lutter, pour souffrir et pour mourir et pour se sauver par ce moyen.

Or, le pourront-ils sans courage et fermeté? Non. Savoir ne suffit pas; il faut vouloir, agir et triompher. La vertu est à ce prix. Il n'y a qu'un bouclier assez résistant pour parer les coups meurtriers de la vie : la volonté.

Or, par quels moyens allez-vous exercer cette faculté chez les vôtres?

a) Et d'abord en prenant de l'empire sur eux. C'est au contact de la vôtre, par l'exemple, l'imitation, et je ne sais quelle suggestion que leur volonté entrera en acte et prendra conscience de ses ressources. C'est en apprenant à obéir qu'ils apprendront le secret de se vaincre et par là de commander aux autres. Gardez-vous donc bien de livrer l'enfant à lui-même avant que ses convictions soient fondées et que sa liberté soit devenue capable d'actes réfléchis. Vous êtes ses tuteurs naturels. Si vous lui enlevez trop tôt les lisières, il tombera; si votre autorité s'affaiblit et se retire, ses caprices, ses instincts prendront le dessus et le progrès obtenu jusque-là sera compromis.

Ne craignez donc pas de faire peser au plus tôt sur cette volonté encore latente l'empire de la vôtre. Il se produira alors comme un mystérieux échange. Par je ne sais quel magnétisme, votre énergie et votre résolution passeront dans cette faculté à peine exercée pour la réconforter et pour la mettre en branle. Alors, conduisez-la pas à pas avec prudence et sûreté, la relevant, l'encourageant, la récompensant de tout effort coûteux, la gourmandant sans colère pour toute lâcheté, et surtout ne la brusquant jamais par des ordres d'où l'affection et le respect seraient bannis.

b) Un deuxième moyen de former la volonté de l'enfant consiste à l'exciter de très bonne heure à se vaincre et à contrarier ses instincts naturels de nonchalance et d'égoïsme. Comme tout ce qui est vivant, cette volonté n'acquerra la souplesse et l'endurance que par l'exercice, par ce que l'on peut appeler la gymnastique de l'effort. Mais cette gymnastique, pour être efficace, doit être mesurée, proportionnée à l'âge, au caractère, au tempérament du sujet et procéder par des exercices multiples, fréquents et courts. Sans cela, la fatigue amènerait, avec le dégoût, une réaction en sens contraire, et l'enfant surmené se réfugierait dans la paresse et se refuserait à la lutte.

Exigez donc de lui un effort d'abord facile, puis à mesure un peu plus coûteux. Exigez longtemps le même jusqu'à ce qu'il soit passé à l'état d'habitude. Quand vous avez obtenu si peu que ce soit, félicitez et récompensez avant de demander davantage.

Ce n'est que plus tard, quand la vertu sera déjà formée et que l'intelligence aura été élargie par l'expérience, que vous pourrez vous en tenir à des motifs purement désintéressés, à l'idée du devoir et de la responsabilité, et que vous pourrez inculquer à l'adolescent une certaine indifférence à l'égard des éloges et des récompenses purement matérielles.

Et puis, prenez-y bien garde, il n'est pas rare que l'incapacité de l'enfant à réaliser certains efforts qu'on lui suggère vienne, non pas de son mauvais vouloir, de son entêtement, mais de sa faiblesse et du vice d'une constitution anémique. De là, la nécessité de le fortifier, de relever au préalable son système nerveux et de fournir à ses facultés, par une hygiène bien comprise, des instruments capables d'exécuter leurs ordres et de supporter le poids de leur activité.

c) Enfin, Mesdames, il ne faut pas oublier que tout acte est inspiré par une idée, que toute série d'efforts procède d'une conviction. Employez-vous donc à persuader vos enfants de la nécessité de la lutte et du travail, et cela non par des paroles en l'air, mais par des exemples pratiques et vivants. Leur montrer la vie tout en rose, comme une pente fleurie, nourrir par une coupable indulgence ce dilettantisme inné qui les incline à demeurer indifférents à tout ce qui ne leur procure pas un plaisir immédiat, ce serait leur préparer des déceptions cruelles et les livrer, les poings liés, aux coups de l'adversité. Convainquez-les, au contraire, en leur montrant ce qui se passe sous leurs yeux et dans la nature physique et dans l'ordre social, où tout est concurrence, rivalité, effort; convainquez-les que lutter et souffrir sont les lois de la vie et qu'ils doivent passer par ce bienfaisant apprentissage et être trempés au creuset, sous peine de ne jamais posséder de personnalité.

Partout, et en toute occasion, mettez-les face à face avec la douleur, la misère, les embarras de l'existence. Au lieu de tout aplanir sous leurs pas, souffrez qu'ils se butent parfois contre l'obstacle et qu'ils en soient blessés; relevez leur courage, qu'une telle expérience risquerait d'abattre, par l'idée de la justice qui sera un jour satisfaite et vengée, et aussi en leur montrant, avec preuves à l'appui, que l'homme n'est grand et vraiment libre que s'il a été trempé au creuset et dépouillé au feu de la douleur de son égoïsme et de son étroitesse native.

Et alors vous ferez de vos enfants, non pas des êtres sans ressort, des automates soumis à l'impulsion du premier venu, mais des créatures d'énergie et d'initiative. Ils sauront se tailler leur place en plein soleil; ils iront droit à la vie, ils se colleteront avec elle; ils se laisseront presser sur ce que le poète appelle « les entrailles d'airain de la réalité ». Et comme vous les aurez faits de trempe vigoureuse, ils se relèveront après ce choc, plus fiers et plus maîtres d'eux-mêmes, et ils marcheront, décidés à combattre et à vaincre, debout jusqu'à la mort.

II.

SA CONSCIENCE.

Non contentes de développer la volonté de vos enfants, Mesdames, il vous incombe aussi de former leur conscience, de les convaincre le plus tôt possible qu'ils sont des êtres libres et responsables, de les éclairer sur cette grande loi de la solidarité dont le retentissement peut être si grand dans une vie.

Leur apprenez-vous à cette fin à agir non pas tant d'après des mobiles intéressés et d'égoïstes calculs que d'après l'appel de leur conscience et le sentiment du devoir? Les avez-vous placés, en toute occasion, en face de ce devoir et leur en avez-vous fait sentir la rigueur et la nécessité? Avez-vous accoutumé de respecter leur liberté en les traitant non comme des automates, mais comme des êtres pourvus d'initiative, et les récompenses comme les châtiments dont vous usez à leur égard tendent-ils à autre chose qu'à leur inspirer à la fois beaucoup de confiance et beaucoup de crainte en leur propre liberté?

Combien qui auraient le droit de se plaindre qu'on ait laissé sommeiller en eux cette faculté maîtresse et qui pourraient répéter le mot de Michelet : « Qu'on me rende mon moi ! » Combien qui sont jetés en pleine mêlée sans aucune force de résistance parce qu'on ne leur a pas appris, au moment voulu, à être et à agir par eux-mêmes, et à déployer leur initiative ! N'y a-t-il pas des familles où l'enfant est comme « une petite marionnette « qui ne doit bouger que si on en tire les fils »? Au lieu d'éveiller ces créatures, qui ne réclament que de vivre, on les éteint, on les endort, on les accoutume, dès le bas-âge, à la routine; on endigue leur personnalité et on les prépare ainsi à une existence flasque, dépourvue d'intérêt et, en tous points, inutile.

Ceci est un excès; il en est un autre non moins dangereux. Certains parents se figurent qu'ils formeront la liberté de leurs enfants en leur permettant tout et en ne leur imposant aucun frein. Grossière erreur ! Livrer la volonté à ses caprices, c'est rétrécir le champ de son action, c'est développer en elle la part de passivité qu'elle contient et qui constitue à proprement parler son imperfection et sa limite. Au contraire, le mener au combat, l'engager dans la lutte, c'est déployer ce qu'il y a en elle d'actif et ce qui constitue sa valeur réelle, c'est, par conséquent, l'accroître et en étendre le ressort. Une liberté qui résisterait toujours au moins parfait pour embrasser le mieux serait parvenue à son apogée, car il ne resterait plus en elle aucun élément de dépendance ou de passivité; une liberté qui ne s'emploie, au contraire, qu'à choisir ce qui coûte le moins, qu'à suivre le plaisir, celle-là devient de plus en plus esclave et se détruit chaque jour elle-même.

Si donc l'essence de cette faculté est dans le pouvoir d'opter entre le bien et le mal, sa perfection consistera à toujours élire le bien, et son progrès tiendra tout entier à accroître ce qu'il y a en elle de vraiment actif et à y comprimer le plus possible les éléments de passivité.

Si vous le compreniez bien, mères qui m'écoutez, vous accoutumeriez aussitôt vos enfants à la règle, au devoir, tout en vous gardant de les confiner dans des cadres étroits où ils étoufferaient. La règle doit être simple autant que sage et plutôt solliciter la volonté que la contraindre. Il importe donc d'en expulser tout ce qui serait plutôt le propre de la machine ou de l'esclave que de l'homme libre, et d'y faire circuler cet esprit de raison et de vie qui soutiendra l'âme sans la rétrécir. La discipline ne doit être ni une barrière, ni un joug, mais plutôt une main amie qui aide dans le besoin, qui relève dans la chute, qui montre sans cesse le but et qui sévit toutes les fois que la volonté se révolte contre le devoir. Il faut donc qu'elle soit douce et forte, indulgente et sévère, mais surtout infiniment respectueuse des libertés qu'elle dirige et toujours disposée à se conformer, en ce qu'elle a de juste et de bon, à leur spontanéité.

Enfin, si vous voulez faire des vôtres des personnes libres, considérez-les toujours comme tels et respectez ce qu'il y a en eux de bien à eux et d'inviolable. Et sur ce point, je crois que certains progrès sont à réaliser. Un des vices les plus criants d'une certaine éducation, n'est-ce pas le défaut de considération et de respect pour la personnalité, encore informe si vous le voulez, mais cependant vivante et réelle de l'enfant? En n'en tenant pas assez compte, en la violant inconsidérément, on s'expose à des retours terribles. Il arrive souvent, en effet, qu'une conscience trop longtemps comprimée réagisse sans mesure, se dégage de toute autorité et en vienne d'un seul coup à rompre toutes les digues.

Accordez donc de prime abord votre confiance à l'enfant; c'est le rendre hypocrite et menteur que de le considérer comme tel. N'usez jamais envers lui de mensonge, car s'il vous est permis de ne lui livrer que la part de vérité qu'il est capable de supporter, vous n'avez en aucun cas le droit de le tromper. Et surtout ne vous érigez pas en surveillants de tous ses actes, en espions à qui rien n'échappe, et que ce ne soit pas sous un regard toujours sévère et par une perpétuelle menace de châtiment qu'il soit forcé d'accomplir son devoir.

Et si vous savez user ainsi d'une méthode à la fois rigoureuse et souple, large et précise, ces jeunes libertés entreront en acte, agiront au grand jour et, sans forfanterie ni timidité, elles donneront l'exemple d'une vie intègre et vertueuse.

SEPTIÈME CONFÉRENCE

La Mère. — L'Éducatrice (*suite*).

J'ai essayé de vous indiquer par quels moyens vous pourriez présider au développement de la raison et de la volonté de vos enfants. Il vous restera encore à élargir leur cœur en combattant cet égoïsme inné qui l'incline à tout rapporter à lui et en y éveillant les vertus qui lui sont contraires, comme la pitié, l'indulgence, la bienveillance, la charité. Il est surtout deux sentiments que vous vous appliquerez à éveiller et à asseoir en eux : un amour persévérant pour tous leurs semblables et un patriotisme éclairé.

I.

L'AMOUR DE L'HUMANITÉ.

Et d'abord formez-les de très bonne heure à l'universelle pitié. Elevez-les non pas seulement en tant que membres d'une société parquée dans des frontières, mais en tant que concitoyens de l'univers, frères de tous les hommes, quelle que soit la langue qu'ils parlent ou l'histoire dont ils se réclament.

Ne souffrez pas qu'il rentre rien d'étroit ou d'exclusif dans leurs affections. Abattez les limites, retranchez les barrières. Le cœur que Dieu a donné à vos enfants, quel que soit d'ailleurs leur degré de culture, est assez large pour pouvoir tout contenir. S'il est naturellement enclin au particularisme et à l'envie, n'épargnez rien pour combattre de tels instincts et pour cultiver à la place le fond de spontanéité et de désintéressement qui est aussi en lui.

Que rien de ce qui est humain ne leur demeure étranger! Par delà les lignes étroites où leur horizon serait tenté de se borner, montrez-leur l'étendue de la terre habitée, les peuples divisés par nations, parlant diverses langues, soumis à des lois différentes, mais portant dans une même âme une même raison, une même liberté, un même sang qu'ils ont tous puisé à une source unique, et ayant tous la même destinée.

Que l'enfant baptisé sache aussi qu'il est devenu membre de l'Eglise, c'est-à-dire de cette société universelle qui, élevée par-dessus les patries d'un jour, prépare ici-bas et réalisera plus tard cette patrie commune à tous, cette famille unique que des rêveurs voudraient construire sur le vide. Déjà, si l'Eglise, par la foi et la charité, n'égalise pas les langues et les conditions, elle rapproche du moins les idées et les espérances. En rattachant tous les hommes au même Père, au même Médiateur, en les faisant participer à la même vie infinie par les mêmes moyens, elle les unit et les fait fraterniser en dépit des distances, des obstacles et des rivalités sociales. Là où les intérêts diviseraient, elle intervient pour prêcher la concorde; là où la politique exciterait la haine, elle fomente l'amour. Partout, elle s'efforce de tempérer les flammes de l'ambition, de l'égoïsme et de la luxure, qui sont les seuls ferments de discorde entre des êtres faits pour s'entendre et vivre de concert.

Voilà, Mesdames, ce dont il faut que les générations se pénètrent de plus en plus. Plus que jamais, les parents et les maîtres doivent devenir les apôtres de la tolérance, du respect mutuel et de l'amour. Plus que jamais, il vous incombe d'ouvrir les cœurs de vos enfants, de les élargir à l'infini, de les étendre jusqu'aux confins du monde et de là jusqu'à Dieu, en qui tout se retrouve et s'harmonise, et en universalisant ainsi leur affection, de les détacher à tout jamais des passions exclusives et des attachements aveugles. C'est seulement par là que vous pourrez vous rendre le témoignage d'avoir fait des hommes et aussi des chrétiens, s'il est vrai que le chrétien n'est pas autre chose que l'homme poussé à l'apogée, l'homme plein et pleinement développé dans tous les sens de la droite nature et de la saine liberté.

Et en même temps que cet amour général de l'humanité, formez en eux la pitié pratique qui se manifeste par le sacrifice, l'aumône, le soin des pauvres et la sollicitude à l'égard des malades. Il est si facile de tourner le cœur de l'enfant vers ce qui souffre et ce qui pleure; il s'émeut si vite, il aime de suite; il a les caresses et les regards qui consolent. Si on a dit de cet âge qu'il est « sans pitié », c'est qu'on ne lui présente pas assez tôt, et avant que son égoïsme et sa dureté aient pris le dessus, le tableau des misères qu'il doit connaître.

Que dire de ces parents qui cachent aux leurs, par je ne sais quelle fausse délicatesse, toute douleur et tout deuil, et qui en font des êtres sans cœur, ignorants ou plutôt inconscients de la souffrance de leurs frères?

Placez-les au contraire en face des misères humaines afin de leur faire sentir les inégalités imposées par la nature et de les exciter déjà à se sacrifier pour venir en aide aux malheureux. Habituez-les à donner toujours une part de ce qu'ils reçoivent, combattez en eux la dureté et l'avarice. Formez dans leur jeune cœur le sens de la justice, de la tolérance et du dévouement volontaire qui vient compenser les iniquités de l'aveugle nature. Qu'ils ne fassent pas de différence entre les hommes; qu'ils ne se croient pas supérieurs à ceux qui sont plus pauvres ou moins bien doués qu'eux; qu'ils aillent à tous sans distinction, et s'ils sont destinés à hériter de quelque fortune, qu'ils soient mis au courant, dès leur enfance, de la responsabilité des riches et des devoirs qui leur incombent vis-à-vis des pauvres. Faites des tout petits les dispensateurs de vos aumônes; la charité est plus douce et mieux acceptée quand elle est faite par ces mains innocentes.

Qu'ils sachent, vos filles surtout, soigner les infirmes, panser les plaies, se rendre utiles auprès des impotents. Voilà qui élargira et élèvera leur cœur mieux que n'importe quelle leçon de solidarité et que tous les discours où s'accumulent les statistiques de la misère. C'est la vie, c'est la réalité qui restera toujours et malgré tout la grande éducatrice sur ce sujet, et ni rien ni personne ne remplaceront ses leçons. Voir souffrir, voir pleurer, voilà ce qu'il faut à vos enfants pour qu'ils apprennent à aimer et à consoler. Le Christ, qu'ils s'accoutumeront à considérer dans ses membres souffrants, fera passer en eux une étincelle de ce feu dont Il était consumé. Et s'ils ne deviennent pas des apôtres, ils seront du moins des hommes de dévouement, toujours prêts à rendre service et à s'oublier eux-mêmes pour l'amour et pour le bien de leurs frères.

II

UN PATRIOTISME ÉCLAIRÉ.

En même temps que l'amour de l'humanité, vous inculquerez à vos enfants un patriotisme ardent et éclairé.

Vous n'êtes pas, en effet, affranchies des cadres communs; vous appartenez non seulement à la grande famille humaine, mais aussi en particulier à telle ou telle société, à tel ou tel territoire marqué par des limites et où d'autres ont travaillé, ont vécu et sont morts avant vous. Là, sur ce coin d'univers, que de souvenirs, que de liens vous attachent! Il y a une gloire qui est un peu la vôtre, un passé qui s'est préparé pour vous, des espérances que vous partagez, des douleurs qui retentissent en vous.

Et vos enfants, comme vous, naissent et grandissent pour faire partie de cette société, pour profiter de ce passé, pour hériter de ces gloires et pour réaliser ces espoirs.

C'est donc au plus tôt qu'il faudra les nourrir dans l'amour et dans le culte de leur pays.

Et d'abord vous leur ferez connaître son histoire et apprécier son génie.

Certes, il est peu de nations qui puissent revendiquer, avec une histoire si glorieuse, un génie si universel. Née sur un champ de bataille, à une époque de violence et de haine, la France chrétienne n'a pas cessé d'être, à travers les siècles, le défenseur des opprimés, le pionnier de la civilisation, le chevalier de la justice et le bras droit de l'Eglise. Si elle n'a pas échappé, comme tout ce qui est humain, à certains excès et à de regrettables faiblesses, tout cela se perd dans l'éclat de son histoire et dans l'auréole qu'ont dressée sur sa tête ses rois, ses chevaliers, ses généraux, ses missionnaires, ses génies, ses artistes et ses saints.

Héritière du génie gréco-romain, elle en a maintenu les caractères essentiels en y ajoutant je ne sais quoi de généreux et de vibrant qui lui vient du fonds celtique et germain où elle a abondamment puisé. Claire, lumineuse, vigoureuse aussi, à la fois apte aux conclusions précises de la science, aux conceptions profondes de la philosophie et aux transports de l'éloquence, sa langue a été le grand levier du progrès et l'instrument de la littérature et de l'art les plus généraux et les plus humains qui aient jamais été.

Ce génie, l'enfant doit en être imprégné, car il importe qu'il ne dégénère ni par l'esprit, ni par le cœur de ceux qui l'ont précédé. Si les révolutions génératrices du progrès ont transformé à beaucoup d'égards l'état de la nation, son gouvernement, ses lois, ses projets et ses vues, son fonds reste identique et ses vertus essentielles émergent, toujours vivaces et prêtes à s'exercer.

Y contredire serait exposer la sécurité du présent et compromettre l'avenir. C'est à quoi tendent les utopistes ou les sectaires, de quelque opinion qu'ils se targuent, qui s'efforcent de déchristianiser la France et de lui ravir cette religion qui est entrée dans ses moelles et qui s'est confondue avec sa propre vie. Vous persuaderez à vos enfants qu'ils ne seront des Français, dans la plénitude du mot, que s'ils sont sincèrement et pratiquement catholiques; qu'ils ne garantiront les vertus nationales, l'esprit de droiture et de mesure, la passion du droit et de la vérité, la précision et l'élévation des idées, l'accent chevaleresque et le goût de l'idéal, que s'ils maintiennent aussi leur foi, leur charité et leur dévouement à la mémoire du Christ et au service de son Eglise.

Mais il ne suffit pas de connaître les ressources et le génie de son pays, il faut encore l'aimer, s'y dévouer et lui préparer le don de sa vie et de son sang si les circonstances l'exigent. C'est ce que vous devez apprendre à vos enfants. Ils auront à servir leur patrie dans les diverses positions où ils seront placés; ils auront peut-être à la défendre un jour contre l'ennemi et à se ranger pour la lutte autour du drapeau. Qu'ils aient donc le culte du drapeau, non pas qu'il doive évoquer à leurs yeux des images de guerre et de carnage, mais parce qu'il leur apparaîtra comme l'emblème de leur pays et parce qu'il leur prouvera que ce pays vit, qu'il veut la paix et qu'il est prêt à la défendre.

Faites-leur des âmes de chevaliers et de soldats, des âmes assez larges pour que la patrie entière puisse y contenir, avec ses gloires, avec ses souffrances et aussi avec toutes ses espérances. Je comparerai le cœur du vrai Français à ce sublime tombeau des Invalides où dort de son dernier sommeil la dépouille de Napoléon et sur les bords duquel s'unissent, dans un radieux embrassement, les drapeaux de toutes les victoires et aussi de toutes les défaites : Marengo, Wagram, Iéna, Austerlitz et Waterloo, et d'où monte je ne sais quel souffle, une énergie sourde et irrésistible qui est comme l'écho de notre force et de notre vitalité.

Nourrissez dans vos enfants le culte de la gloire, non pas de la fausse gloire, mais de celle qui n'est que le resplendissement de l'honneur et l'écho que rend d'elle-même, à travers la postérité, une vie consacrée tout entière à de grands devoirs et achevée sur la brèche, le visage face à l'ennemi, celle dont Vauvenargues pouvait dire : « Les premiers feux de l'aurore ne sont pas si doux que les premiers rayons de la gloire ».

Qu'ils soient vibrants au moindre appel comme le tambour qui bat aux champs, comme le clairon qui sonne la charge, comme le drapeau dont les plis frissonnent et claquent, et comme ce panache qui surmonte les casques et qui tressaille à chaque battement du cœur.

Et pour cela qu'ils aient de l'entrain, de la gaieté, un beau mépris du danger et de la mort, de la foi surtout, et que leur désir soit celui qu'exprimait un héros, bien Français aussi celui-là :

> Et je voudrais mourir, un soir, sous un ciel rose,
> En faisant un bon mot pour une belle cause.

Ainsi vous en ferez des Français. Citoyens, ils rempliront tous leurs devoirs et ils revendiqueront tous leurs droits; soldats, ils iront en souriant au-devant de la mort. Amis des autres peuples et admirateurs de leurs vertus, ils seront avant tout fiers de leur pays et soucieux de sa gloire. Ils le serviront, ils le défendront, ils le maintiendront. Ils le voudront grand, prospère, aimé de tous, et ils travailleront par leurs services et leur dévouement à accroître sa gloire et à étendre son renom.

HUITIÈME CONFÉRENCE

La Mère. — L'Éducatrice (*suite*).

Non contentes d'être les éducatrices de vos enfants, mères chrétiennes, vous devez devenir leur modèle et leur soutien.

I.

LEUR MODÈLE.

Et d'abord leur modèle, — et par là je veux dire qu'il vous appartient de leur présenter dans votre vie l'exemple de toutes les vertus que vous avez à cœur de leur inculquer. A cet âge, en effet, on est enclin à imiter et on se conforme tout naturellement à ceux qui sont près, qui vous parlent et qui vous enseignent. D'où la nécessité pour les parents de ne placer sous les yeux de leurs enfants que de beaux et nobles exemples.

L'exemple de l'amour d'abord. Si son père et sa mère ne s'entendent pas, se querellent sous ses yeux, s'il sent entre eux une sourde aversion, de l'antipathie, de la jalousie, comment serait-il porté à les aimer de son côté? Leur discorde glacera son petit cœur et il sera tenté de s'éloigner de ces deux êtres qu'il voudrait réunir dans sa tendresse, mais qui lui apparaissent trop distants l'un de l'autre pour qu'il y réussisse. Cette libre confiance, cette affection respectueuse que l'enfant doit nourrir à l'égard de son père, il vous appartient de lui en donner l'exemple. Vous êtes l'intermédiaire tout désigné entre le chef de famille et l'enfant, vous comblez la distance qui semble les séparer et c'est votre amour qui trouvera le secret de faire disparaître ce qu'il pourrait y avoir de trop rigoureux dans l'autorité paternelle.

Vous donnerez aussi aux vôtres l'exemple de toutes les vertus auxquelles ils devront s'appliquer eux-mêmes, la réserve, la modestie, la douceur, la bonté, la patience, la véracité. Gardez-vous de vous livrer devant eux à n'importe quel excès; que leurs regards attentifs et auxquels rien n'échappe vous inspirent la vigilance et vous rappellent constamment à la possession de vous-même. Souvenez-vous qu'il n'y a rien d'impressionnable comme ce petit être ; le moindre choc le fait rentrer en lui-même, et les défauts qu'il aperçoit chez les siens et dont il subit malgré lui le contre-coup diminuent d'autant sa confiance et un amour qui n'est pas encore assez éclairé pour savoir faire la part de l'humaine faiblesse.

Et c'est une raison de plus pour les parents de veiller avec soin sur leurs paroles, sur leurs actes, sur leur attitude, de ne rien laisser échapper qui puisse mal édifier ces naïves créatures, les étonner, éveiller chez elles une curiosité prématurée; de les traiter en un mot avec autant de respect que de prudence. Que penser de ceux qui ne savent s'imposer aucune gêne devant leurs enfants, qui tiennent à leurs oreilles des conversations légères ou à double sens et qui paraissent à leurs yeux avec une liberté d'allures bien faite pour les mal impressionner? Il faut qu'ils aient bien peu de conscience de leur responsabilité et des funestes effets que peuvent avoir de tels agissements sur des natures neuves et sensibles à l'excès. Que la présence et le souvenir des vôtres vous soit donc le meilleur correctif et vous excitent à cacher vos moindres défauts, à assouplir votre caractère, à vous former à une inaltérable douceur, à comprimer vos irritations, à mettre une garde à vos lèvres et à user d'une grande circonspection dans toute votre conduite.

Enfin, donnez-leur l'exemple de la vraie piété, d'une piété large et aimable qui leur fasse aimer la religion en la leur présentant sous un jour attirant. De nos jours surtout, quand la foi est si exposée, quand on multiplie contre elle les objections et les sarcasmes, n'est-il pas essentiel pour les jeunes générations de bien connaître notre religion et d'en acquérir une juste notion? De là la nécessité, quand on la leur présente, de la débarrasser de tout ce fatras de superstitions et de formes mesquines dont tant d'esprits étroits et ignorants se plaisent à l'encombrer. Parce que l'enfant n'analyse pas encore et prend pour argent comptant tout ce qu'on lui offre, est-ce une raison pour lui bourrer le cerveau de demi-vérités ou même de mensonges, sans se dire qu'il viendra un jour où il se prendra à raisonner et où, en reconnaissant les exagérations dont on l'avait nourri, il se révoltera et mettra carrément de côté tout le bagage reçu sans se préoccuper de faire la part de ce qu'il contient de vérité?

Que votre dévotion soit donc ouverte et gracieuse, douce et indulgente.

Rien de haïssable et qui soit fait pour écarter les esprits droits de la pratique religieuse comme ces airs mystiques, ces manières gauches et empruntées, cette fausse pudeur, cette ridicule manie de fourrer le démon dans tous les événements et dans l'âme de tous ceux qui ne pensent pas comme vous, et cette sottise de faire contenir tout le christianisme dans la fréquentation des églises et dans la répétition machinale des mêmes formules. Non, la vraie piété ne s'allie avec aucune de ces exagérations. Elle est raisonnable; elle invite d'abord au fidèle accomplissement des devoirs d'état; elle est large et ouverte, prête à faire passer la charité et le service du prochain avant n'importe quelle pratique ou prière; elle est gaie, avenante, refoulant au fond du cœur les chagrins et les tristesses dont elle n'est pas exempte pour ne donner à tous qu'un sourire accueillant et des marques de bienveillance; elle est aimable parce qu'elle s'oublie elle-même dans l'amour d'autrui et, comme le dit l'Apôtre, elle est utile en toutes choses et excelle à s'adonner à tous les services.

Telle est la piété que vous aurez à cœur de cultiver, Mesdames, et qui sera, ajouté à tous ceux qui vous sont naturels, un charme de plus et par là une nouvelle puissance qui vous garantira le succès dans l'œuvre de l'éducation.

II.

LEUR SOUTIEN.

Modèles de vos enfants, mères chrétiennes, vous serez enfin leur soutien.

Ne croyez pas, en effet, que votre rôle soit achevé à leur majorité ou à leur mariage. On vous entend dire souvent qu'à partir de ce moment ils ne vous appartiennent plus, qu'ils vous échappent, que vous n'avez plus rien à leur donner et que vous devenez des êtres inutiles. Vous vous trompez. Sans doute votre amour rêverait de conserver toujours tout près de vous ceux que vous avez nourris et élevés, de les voir encore et longtemps tout petits, ayant besoin de vos soins et de vos caresses, vivant par vous et de vous, car cela vous permettrait et de les garder et aussi, ce qui ne vous est pas tout à fait indifférent, de rester jeunes. Mais c'est un rêve trop beau pour qu'il soit réalisable, et il faut qu'à leur tour ils deviennent des hommes et qu'ils se lancent dans la carrière.

Mais alors votre mission, pour revêtir un autre caractère, n'en continue pas moins auprès d'eux. Vous conservez votre prestige, vous gardez votre influence maternelle, et le nouvel amour qui déborde du cœur de votre enfant ne diminue en rien celui qu'il vous a voué et qu'il vous témoignera jusqu'à la mort. Vous demeurez sa mère, c'est-à-dire la créature entre toutes la plus respectée et la plus longuement aimée, celle dont l'image remplit le passé, éclaire le présent et se fixera dans l'avenir ; l'être le plus fidèle, celui dont on est sûr quoi qu'il arrive et près de qui on pourra se réfugier, chercher consolation et secours, quand tout le reste viendrait à vous manquer. Les autres affections peuvent subir de terribles crises, s'user avec le temps, finir en d'irréparables malentendus ;

celle-là demeure toujours. Le cœur d'une mère est le point immuable au milieu des vicissitudes et des surprises de la vie. Là, l'homme est sûr de trouver un port quand il souffre, quand il est pris par l'angoisse du vide et de la solitude; là il sera toujours accueilli et toujours préservé, même au plus fort de la tempête, même s'il avait tout perdu, par un amour qui est vainqueur de la mort et qui lui survit.

Que vos âmes et vos bras restent donc ouverts à vos enfants. S'ils vous quittent pour suivre leur voie, si vous ne les rencontrez plus que de loin en loin, s'il vous semble même que vous n'avez plus sur eux aucun ascendant, ne cessez pas de les diriger par vos prières, par vos conseils, par les élans de votre tendresse si pure et si désintéressée. Un jour viendra peut-être où vous comprendrez jusqu'à quel point vous pouvez encore leur être utile et quel vide ce sera pour eux quand ils ne vous posséderont plus. Ce qui prouve le mieux, en effet, quelle est votre influence et quel rôle vous continuez à jouer auprès des vôtres, c'est l'immense vide qui se creuse en eux quand vous les quittez, quand, après une vie bien remplie, vous allez recevoir votre couronne. Une des douleurs les plus profondes, n'est-ce pas de perdre sa mère, de sentir qu'elle n'est plus là visiblement pour penser à vous, pour vivre pour vous et pour vous envoyer de loin, chaque jour et à travers n'importe quel obstacle, ce dévouement sans bornes et cette infatigable tendresse dont son cœur est l'inépuisable foyer ?

Enfin, mères chrétiennes, si vous avez des enfants qui vous font souffrir, dont les idées ou la conduite vous sont un perpétuel souci, s'ils oublient les principes que vous leur aviez inculqués, s'ils font peu de cas des traditions du foyer, de la foi qu'on y avait de tout temps maintenue et de l'honneur qui y était sans tache, ne vous découragez pas et n'allez pas vous désespérer. Comptez sur la valeur de vos souffrances et de vos larmes. Rappelez-vous l'exemple de Monique et de tant d'autres mères qui ont fait elles-mêmes, par leurs vertus et par leurs sacrifices, le salut de leurs enfants. Si en ce moment la jeunesse est plus exposée que jamais à toutes sortes d'entraînements, si elle passe par une crise de la foi, quand vous avez fait tout le possible pour préserver par une éducation soignée la vertu de votre fils, ne vous troublez pas plus que de raison de voir parfois et momentanément l'insuccès répondre à tant d'efforts.

Croyez que le bon Dieu a égard à la bonne volonté plus qu'à toute autre chose et qu'il sait faire la part, quand il s'agit de mesurer la responsabilité d'une âme, de toutes les influences dont elle a été la victime et qui ont pesé sur sa liberté. Espérez donc, attendez patiemment que la vie fasse son œuvre, qu'elle trempe au creuset les facultés encore incomplètement formées et trop aisément détournées de leur voie par les passions et par l'orgueil, et sans doute, la tourmente une fois passée, les convictions anciennes reparaîtront et la foi reprendra le dessus pour orienter à nouveau et pour féconder la vie de ceux que vous aimez plus que vous-mêmes.

Oui, si vous agissez de la sorte, si vous remplissez sans faillir votre mission maternelle dans tous ses détails, vous aurez le droit de compter sur la miséricorde du Père et de vous reposer sur cette admirable loi de notre religion que nous appelons la réversibilité des mérites et qui veut que nos efforts, nos souffrances, nos prières et nos sacrifices retombent sur la tête des êtres que nous aimons et opèrent le rachat de leur liberté.

Et alors, non contentes d'avoir engendré vos enfants à la vie terrestre, d'avoir ouvert leur intelligence à la lumière et leur cœur à l'amour, vous les aurez préservés et sauvés par votre tendresse pure, douloureuse et désintéressée, et vous les retrouverez pour en jouir à tout jamais au ciel, dans l'éternelle maison du Père, au foyer de la lumière et de la paix.

NEUVIÈME CONFÉRENCE

La Ménagère.

Le champ d'action de la femme, le lieu où elle travaille, où elle se dépense, où elle remplit son premier devoir, c'est le foyer.

Le foyer n'est pas seulement le centre de la famille et le lieu de rendez-vous de ses membres, il est aussi le point où retentit plus qu'en aucun autre la vie sociale, il est le temple où se propage et se conserve la race, où se forment les nouveaux citoyens, où se maintiennent les antiques traditions, où s'élaborent les futurs progrès. La famille, en effet, ne saurait subsister sans un point où elle se fixe, sans une maison où se retrouvent, travaillent et se concertent ses membres. Que cette maison soit luxueuse ou modeste, grande ou petite, elle constitue le milieu nécessaire empli par mille souvenirs, sanctifié par l'amour des époux, égayé par la voix et le sourire des enfants, à la fois berceau de ceux qui naissent et monument commémoratif de ceux qui sont partis en laissant après eux leur souvenir et leurs exemples.

Et c'est pourquoi tous nos efforts doivent tendre à maintenir les foyers, à y faire régner de plus en plus l'entente, l'amour fécond et le travail pacifique, à empêcher qu'ils se morcellent et qu'ils soient dissipés comme la poussière aux quatre coins de l'horizon. S'il y en a tant qui souffrent et qui se plaignent, s'il y a tant de misères physiques et morales, si beaucoup sont seuls et abandonnés, c'est qu'ils n'ont pas eu de foyer, c'est qu'ils l'ont détruit par leur faute, c'est qu'il a été pour eux et peut-être à cause d'eux, non pas le sanctuaire de l'amour, mais, comme on l'a dit, « la réunion sous « le même toit de quelques personnes qui ne peu- « vent pas se sentir ».

Et, de nos jours, n'est-il pas facile de constater que nos foyers n'échappent pas à la crise générale, qu'ils sont atteints à leur tour par cette fièvre endémique, par cette agitation sans frein qui s'en prend à tout et s'acharne à tout transformer ? et qu'au lieu d'être des centres fixes et permanents où se succèdent les générations, ils sont en train de devenir des tentes de nomades où l'on passe quelques jours et qu'on lève bientôt pour les porter ailleurs, ou même des caravansérails où se remplacent les voyageurs, sans que rien de ce qui est là leur appartienne en propre et sans qu'ils aient ni le temps ni le goût de s'attacher à ces murs, à ces objets, à tous ces souvenirs qu'ils vont quitter demain, comme poussés vers l'inconnu du désert par le souffle de la tempête.

Or, c'est à vous, femmes chrétiennes, mères, épouses et ménagères, qu'il appartient de créer et de maintenir le foyer, d'y faire régner, avec l'amour, la concorde et la religion, toutes les vertus qui en sont le ciment et qui en garantiront l'existence et la prospérité.

Vous devez être à la fois :

> Le soutien,
> L'honneur
> Et la joie du foyer.

I.

LE SOUTIEN DU FOYER.

Le foyer, la maison, tel est, nous l'avons dit, le premier champ de votre activité. C'est là que vous avez à faire, et si parfois la nécessité ou des distractions légitimes vous réclament au dehors, vous ne sauriez oublier que vous êtes avant tout destinées à vivre à l'intérieur et à y accomplir votre rôle. Il est même à souhaiter que, par le progrès des réformes économiques, les femmes qui sont obligées, pour subvenir aux dépenses de la famille, de s'adonner à un labeur autre que celui du ménage et de l'éducation de leurs enfants puissent le faire chez elles et ne se voient pas dans la nécessité de s'absenter continuellement du lieu où leur devoir d'état les réclame.

Pour ce qui est de l'entretien du foyer, qu'aucun détail ne vous répugne. Vos mains délicates et habiles auront raison de tout et vous ne craindrez pas de les employer à des soins qui semblent secondaires et qui n'en sont pas moins essentiels à l'ordre et à la bonne tenue d'un intérieur. Une maison est rarement propre et agréable à habiter quand l'œil et la main de la ménagère n'y passent pas souvent pour parfaire et corriger le travail hâtif des domestiques. Que vous ayez des domestiques, cela vous est loisible, mais leur présence ne saurait vous dispenser d'avoir la haute main sur le ménage et de descendre même, soit pour leur faire la leçon, soit pour leur diminuer une tâche qui courrait le risque, en certains cas, d'être au-dessus de leurs forces, de descendre, dis-je, aux plus menus détails.

Mais s'il est facile de vous aider à tenir la maison et ses dépendances dans l'ordre et la propreté, c'est à vous et à vous seules qu'il appartient d'orner les pièces où se déroule la vie commune et d'y faire régner cette atmosphère de douce tendresse et d'exquise sécurité qui retienne et ravisse tous ceux qui y pénètrent et qui communient un instant à l'intimité de la famille. Qu'est-ce qui pourrait vous paraître trop riant et trop gracieux quand il s'agit de répondre aux secrets désirs de votre époux et de vos enfants qui aiment, quand ils rentrent de leur travail, retrouver un chez soi, un chez vous où tout les enchante, les repose et leur fasse trouver toujours trop courtes les heures qu'ils passent sous votre regard et dans le nid que vous leur avez si tendrement préparé ?

D'ailleurs, c'est en ces soins délicats que vous excellez, Mesdames, et nul ne saurait s'y mesurer avec vous. Vos mains, dirigées par un goût sans défaut, sont de petites fées, de remuantes magiciennes qui font avec des riens de ravissantes choses, qui savent le secret de tout mettre à profit et de transmuer par je ne sais quels sortilèges les objets les plus communs en d'agréables ornements.

Aussi a-t-on vite fait d'apprécier les qualités d'une bonne ménagère rien qu'en mettant le pied dans la maison, rien qu'en respirant dès le seuil cette atmosphère d'intimité et de grâce qu'y créent sa présence et son activité.

Tout y est en ordre, tout y est propre et reluisant ; les objets les plus pauvres, parce qu'ils sont à leur place et bien tenus, y revêtent un air d'aisance et y évoquent une main attentive et qui sait être délicate jusque dans les plus minces détails. Et on se dit : ici, il y a une femme parfaite, une épouse qui se plaît dans son intérieur, une mère qui s'intéresse à tout ce qui peut captiver le cœur de ses enfants ; ici, on doit être gai et heureux et passer de longues heures dans le travail ou les causeries intimes. Ailleurs, au contraire, en voyant tout en désordre et sens dessus dessous, en ne sentant pas sur tous ces objets jetés au hasard et comme égarés la main ordonnatrice de la ménagère et le rayonnement de son goût, on a l'impression d'un foyer où l'on ne s'entend pas, d'où chacun s'enfuit au plus tôt pour courir à ses affaires et à ses plaisirs et où les rendez-vous nécessaires sont froids, sans expansion et sans douceur au milieu de choses indifférentes et étrangères.

Prenez donc à cœur votre tâche, et, avant de sortir et de prendre de légitimes distractions, veillez à ce que tout soit achevé et mis en ordre à la maison. Faites passer le devoir d'état avant les courses inutiles et les bavardages sans portée. Prenez pour vous l'amusante saillie de cet auteur anglais qui disait : « Il est trois choses auxquelles « une femme doit et ne doit pas ressembler : elle « doit ressembler à l'escargot qui ne quitte jamais « sa maison, mais elle ne doit pas, comme lui, « mettre sur son dos tout ce qu'elle possède ; elle « doit ressembler à l'écho qui ne parle que si on

« l'interroge, mais elle ne doit pas, comme l'écho, « chercher à avoir toujours le dernier mot; enfin, « elle doit être, comme l'horloge de la ville, d'une « régularité parfaite, mais elle ne doit pas, comme « l'horloge, se faire entendre de toute la ville. »

Soyez semblables à cette ménagère parfaite qui est décrite au livre de la Sagesse et que Marie, dans son intérieur de Nazareth, a dû reproduire à la lettre.

Actives et levées dès l'aurore, occupez-vous tout le temps nécessaire aux mille soins du ménage. Soyez dociles, soyez douces, soyez patientes et toujours gaies. N'oubliez pas que vous avez à remplir cette fonction si importante : être charmantes, avoir un sourire qui, on ne sait comment, « diminue le poids de la chaîne traînée en commun par « les pauvres mortels ». Faites avec des riens, par le prestige de vos doigts, faites au foyer des ornements gracieux; embellissez-le de toutes les inventions de votre esprit et de votre cœur. Régnez-y, entourées du respect et de l'hommage de tous les vôtres, les éclairant, les réconfortant, les orientant vers les chemins de l'honneur par le rayonnement de votre amour maternel. Et s'il vous reste des loisirs, au lieu de les gaspiller en demeurant rêveuses ou oisives, en lisant des romans qui rabâchent les mêmes éternelles niaiseries, pensez à ceux qui n'ont pas de mères et travaillez pour eux afin que vos propres enfants reçoivent le sourire et la bénédiction des pauvres et des orphelins.

II.

L'HONNEUR DU FOYER.

Non contentes de veiller à l'entretien et à l'ordre du foyer, vous vous appliquerez à le préserver et à en éloigner tout ce qui serait pour les vôtres un péril et une occasion de péché, les mauvais livres et les mauvais journaux, les objets d'art inconvenants, les réunions trop libres, les conversations légères ou malicieuses.

Pour cela il vous faudra de la prudence, de l'habileté et souvent même du courage.

Que les mauvais écrits, quelle qu'en soit la nature, n'aient pas chez vous droit d'entrée, car ils seraient pour les étrangers un objet de scandale et pour les vôtres un danger. Que si vous ne pouvez empêcher votre mari ou l'un de vos enfants devenu majeur d'en recevoir, suppliez, exigez même qu'ils en prennent toute la responsabilité, qu'ils les détiennent exclusivement pour leur usage personnel et qu'ils ne les laissent pas traîner sur tous les meubles et à la portée du premier venu. Cela, il vous est permis de l'imposer si vous ne pouvez l'obtenir par la douceur et la persuasion, et il vous resterait toujours la liberté, à moins qu'il ne s'en suive de trop fâcheuses conséquences, de jeter au feu le journal impie ou graveleux que vous trouveriez exposé à tout venant. Pour ce qui vous regarde, Mesdames, refusez-vous énergiquement à lire tout écrit malhonnête, à y jeter même les yeux, à part le cas de nécessité, car vous n'y sauriez rien puiser que du poison et un venin destructeur de vos convictions et de vos vertus.

Ce que je dis des livres, je le dis aussi des tableaux, des statues, de tous les meubles ou bibelots de luxe. N'y souffrez rien qui puisse attirer sur une pente funeste la curiosité de vos enfants et abandonnez aux musées certains sujets qui ne sauraient orner convenablement un salon chrétien. Il y a sur ce point beaucoup trop de laisser-aller parmi les catholiques et une sorte d'inconscience de la part des chefs de famille. Ne s'oublient-ils pas quelquefois jusqu'à installer à côté d'un objet d'art représentant un sujet pieux, et qui serait partout ailleurs mieux à sa place, des tableaux et des statues du dernier profane, accordant ainsi, en un rapprochement qui jure, Dieu et le monde, le sacré et l'indécent, la morale et l'art qui se glorifie de n'en tenir aucun compte ? Que le crucifix soit suspendu dans vos salons, je le veux bien et même il le faudrait, mais alors que la présence de ce divin symbole en expulse impitoyablement tout ce qui n'est pas compatible avec lui et vous contraigne à n'y souffrir que ce qui est pur et, tout en étant beau et artistique, exempt de tout caractère inconvenant. Et cela ne diminuera en rien le charme de votre intérieur; au contraire, si son aspect est plus austère, la joie n'y sera que meilleure et la gaieté plus capiteuse et plus communicative.

Quant à des relations, ayez-en, maintenez-les, mais sachez faire un tri et ne garder que celles qui peuvent être sans danger pour vous et pour les vôtres. Rien de plus légitime et de plus agréable que de recevoir des visites, que d'accueillir des amis, que d'ouvrir son salon à des gens aimables et courtois, fins causeurs et hommes d'esprit, mais, de grâce, que ces réunions n'aient pas pour but principal ou même unique de déchirer la réputation de vos frères ou de colporter sans pitié tous les secrets de leur vie privée. Qu'il entre dans vos esprits d'autres préoccupations que les menus détails de la conduite d'un tel ou d'un tel, que les cancans et les potins qui défrayent les conversations des oisifs et des esprits bornés. Vous avez à traiter de questions infiniment plus sérieuses et plus générales, à vous instruire des réformes pendantes, à vous occuper des intérêts du peuple, à vous entretenir sur les œuvres à fonder où à maintenir, à rivaliser entre vous à qui découvrira de nouveaux moyens de faire le bien, de remédier à la misère, de parer à l'ignorance et à l'injustice; et, si vous voulez parfois des sujets moins élevés, à vous tenir au courant des nouvelles littéraires, politiques et sociales, et à vous former vous aussi sur ces questions un jugement aussi éclairé que possible. Comme il faudrait que ces rencontres, au lieu de tourner en pures pertes de temps, devinssent l'occasion de causeries utiles d'où vous emporteriez une force nouvelle, un plus grand désir de bien faire, la connaissance plus exacte de certaines œuvres auxquelles votre concours serait précieux, et qu'en un mot plusieurs de vos salons, sans qu'en soient pour cela expulsés l'esprit, le charme et la gaieté, fussent en quelque manière des *salons d'action sociale*.

Mais non, je n'entends rabâcher toujours que les mêmes histoires insignifiantes, les mêmes nouvelles mesquines, les mêmes cancans idiots. On y parle de tel ou tel, de tous l'un après l'autre, rarement de ces questions qui dépassent les individus et sont autrement palpitantes d'intérêt que leurs misérables faits et gestes et que leurs pauvres opinions. Et que devient la grande vertu catholique, cette charité qui devrait avoir parmi nous un autel toujours dressé et qui devrait effacer par sa douceur, sa pitié et sa tolérance tant de rivalités et abolir tant de barrières? Ce qu'elle devient?

Elle est oubliée, méprisée, foulée aux pieds, réduite à la plus misérable posture, et on s'étonne ensuite qu'on en vienne à combattre et à honnir une religion qui se prétend toute d'amour et qui ne se manifeste chez beaucoup de ceux qui la représentent que sous forme d'intolérance, de dureté, de jalousie et de rancune.

Oh ! je vous en prie, élargissez les murs étroits de vos salons, donnez de l'air et de l'espace à vos pensées, à vos préoccupations et à vos entretiens. Ouvrez vos foyers sur l'humanité, sur la vie sociale, sur les grandes réalités qui nous intéressent et qui réclament notre concours. Instituez-y et faites-y régner, par votre influence et par votre douce autorité, la pratique de la divine loi. Aimez vos frères, ne les jugez pas à la légère, ne révélez pas sans nécessité ce que leur conduite peut avoir de défectueux et ce que leur vie privée peut dérober de misère ; ayez de la pitié, de l'indulgence, de la miséricorde pour tous comme vous voudriez que tous en aient pour vous. Ne craignez pas de pousser parfois la charité jusqu'à d'énergiques protestations et de légitimes colères. Si on attaque injustement en votre présence un de vos semblables, si on dévoile sans pudeur des secrets qui devraient rester cachés, élevez-vous avec courage contre de tels agissements et que votre parole devienne à ces moments un glaive tranchant qui poursuive la médisance et la calomnie sur les lèvres des méchants. Employez votre sourire non à blesser et à répandre la mort, mais à réchauffer et à donner la vie, et que votre regard pur et miséricordieux verse autour de vous non pas les flammes dévorantes de l'envie, mais les rayons vivifiants de l'amour. Que votre voix soit douce, toujours prête au pardon; qu'en un mot la charité règne chez vous en maîtresse et que tous ceux qui vous connaissent puissent faire de vous cet éloge auprès duquel tous les autres pâlissent : Elle est bonne, elle est douce, elle ne dit jamais de mal de qui que ce soit.

III.

LA JOIE DU FOYER.

Honneur et soutien du foyer, vous devez enfin en être la joie. Pour qu'on y soit heureux, en effet, pour qu'on y travaille avec courage, pour qu'on y revienne et qu'on s'y fixe avec amour, ne faut-il pas y sentir régner cette atmosphère de douce sérénité et de franche gaieté qui ouvre les cœurs et fait s'épanouir les sourires.

Cette joie, à vous de l'entretenir, en expulsant au plus tôt tous les nuages qui voudraient en ternir le pur rayonnement. Et ici encore il vous faudra du courage, une grande égalité d'humeur et beaucoup de possession de vous-mêmes, car la vie n'est pas toujours facile et souriante; elle abonde en préoccupations et en tristesses; il ne se passe presque pas de jours où l'on n'ait à compter avec quelque souffrance et il y a des époques qui ne sont qu'une implacable suite d'épreuves et de deuils.

Et vos enfants, nous l'avons déjà dit, ne doivent pas l'ignorer. Ce ne serait pas travailler à leur éducation que de les nourrir d'illusions, que de les tenir, par la crainte de les faire souffrir, dans l'ignorance des luttes et des difficultés qui les attendent; il faut au contraire les armer dans ce but et les placer le plus tôt possible en face de la cruelle réalité.

Mais, à leur âge, les idées les plus tristes n'ont pas de profonde racine; ils ont l'oubli facile et il leur faut de l'entrain et de la joie. Aussi vous appartient-il, Mesdames, de répondre aux besoins de leurs natures expansives. Dans la tristesse, reprenez-vous et remettez-vous à vivre de la vie qui leur convient; que le regret de ce que vous avez perdu ne vous fasse pas oublier les intérêts de ce qui est là, devant vous, et qui réclame avec vos soins votre douce tendresse et votre inlassable activité. Souriez même au milieu des larmes et que le soleil de l'amour dissipe les nuages trop souvent amassés sur vos fronts.

Il est des circonstances où cette joie est plus spontanée et toute naturelle ; c'est quand le foyer est en fête, quand on y célèbre quelque heureux anniversaire, quelque succès, quelque souvenir aimé. En ces jours, que votre allégresse devienne l'allégresse de tous et qu'elle rayonne autour de vous pour y faire fleurir de l'espérance et du bonheur.

Enfin, comprenez bien la valeur de la joie et l'influence dont elle jouit sur ceux que la souffrance retient dans l'inaction. La maladie, voilà qui connaît bien votre cœur si tendre et si robuste. Alors, vous êtes tout ce qu'il y a au monde de meilleur, pétries de pitié et d'amour, avides de vous dépenser sans mesure pour soulager et consoler. Soigner vos enfants, vos amis, vos pauvres, c'est là votre chef-d'œuvre et vous y apportez naturellement tout ce que Dieu vous a départi d'inlassable dévouement et de puissance de sacrifice. Vous retrouvez à ces heures-là une vigueur qui semble au-dessus de votre sexe ; rien ne vous lasse ni ne vous décourage et la mort elle-même vous trouve debout, prêtes à l'affronter, à lui disputer sa victime, à ne la lui laisser que lorsque, à bout de forces, de larmes et de prières, il ne vous reste plus qu'à vous incliner devant une volonté plus haute et à vous résigner dans le cœur de Celui qui vous frappe et qui vous éprouve pour vous purifier.

Gardes-malades, sœurs de charité, anges consolateurs, mères en un mot, et ce mot dit tout, votre place est au chevet des lits de douleur et d'agonie, souriant à ceux qui souffrent, montrant le ciel à ceux qui doutent, leur apprenant à mourir avec calme et puisant vous-mêmes, après la disparition des êtres les plus chéris, dans le trésor de votre foi et de vos espérances chrétiennes, la force de reprendre la route et de marcher vaillamment vers le lieu de l'éternel rendez-vous.

Soyez donc, dans vos foyers, les vestales de la joie pure et rayonnante. Répandez de plus en plus autour de vous, parmi les nouvelles générations enclines à cette tristesse et à ce dégoût qui usent le ressort de la volonté, répandez, par votre charme, votre égalité d'âme et vos exemples, l'entrain, le courage de vivre et de lutter, l'espérance et l'amour qui surmontent tous les obstacles et compensent toutes les faiblesses!

« Et si tu dois garder, à l'abri de ton voile,
L'enfant, fils du passé, germe des temps nouveaux,
Garde aussi l'idéal des siècles les plus beaux
Au fond de tes grands yeux, clairs comme des étoiles.

Partout où monteront des appels de douleur,
Dans le chaos sanglant des ambitions folles,
Sois celle qui secourt, sois celle qui console,
Et brise l'âpre haine en versant quelques pleurs! »

DIXIÈME CONFÉRENCE

La Chrétienne.

La femme accomplira d'autant mieux et avec d'autant plus de zèle son rôle d'épouse, de mère et de ménagère qu'elle sera plus sincèrement chrétienne, c'est-à-dire plus attachée à sa foi et à la pratique d'une religion qui est l'inépuisable source du dévouement.

Si la religion est nécessaire pour tous, elle l'est peut-être à un plus haut point pour la femme qui, parce qu'elle est destinée à souffrir davantage et dans sa chair et dans son cœur, a besoin à la fois et de plus d'énergie et de plus de consolation. Et je ne dis pas qu'elle ne puisse jamais, sans la foi et la pratique des sacrements, faire une honnête épouse et une mère dévouée, — ce serait aller trop loin et démentir de nombreuses expériences, — mais je crois que dans ce cas son devoir lui sera plus pénible, qu'elle sera plus exposée à l'oublier, et même l'accomplit-elle sans défaillance, qu'il lui manquera certaines délicatesses et certaines persévérances que la religion seule est capable de lui suggérer. « Vous ne savez pas, dit un romancier moderne, ce que c'est que la chrétienne et jusqu'où elle peut aller dans le dévouement. »

Vous devez donc être et demeurer chrétiennes, que dis-je, le devenir chaque jour un peu plus en ouvrant vos intelligences à la lumière vivifiante de la foi et vos cœurs au feu ardent de la charité, et en les entretenant l'une et l'autre par l'habitude de la prière et l'usage fréquent des sacrements.

L'Église et la société réclament de vous d'être à la fois des croyantes et des apôtres, afin d'exercer par là toute l'influence dont vous disposez et d'accomplir intégralement le rôle que l'on attend de vous.

Et d'abord des croyantes.

Vous avez la foi, Mesdames. Vous l'avez reçue en germe au baptême; depuis, l'instruction religieuse qu'on vous a donnée, la vie chrétienne que vous avez menée l'ont développée en vous. Mais peut-être ne l'avez-vous pas assez en ce sens qu'elle ne déborde pas de votre âme, qu'elle y reste trop confinée, qu'elle a pour ainsi dire peur d'en sortir et de courir au dehors, dans les divers milieux, pour y combattre les bons combats de la vérité. C'est qu'elle manque de maturité et de vigueur. Peut-être n'avez-vous pas encore suffisamment compris la doctrine catholique; peut-être vous en tenez-vous à des explications étroites et incomplètes et n'en saisissez-vous ni l'ampleur, ni la puissance, ni la mystérieuse correspondance avec vos aspirations les plus profondes. Votre instruction religieuse en est restée à son enfance, à ses débuts, et, au lieu de la perfectionner par des études sérieuses, vous avez peut-être gaspillé votre temps à des bagatelles, à des lectures frivoles, à des conversations et à des visites sans portée. Mais vous êtes toujours à temps de consolider votre conviction en l'éclairant, et, à cette fin, lisez les ouvrages sérieux qui vous présenteront sous son vrai jour la doctrine catholique, nourrissez-vous de la moelle de l'Évangile, aimez à consulter votre directeur sur les questions qui vous préoccupent et où le doute essaierait de s'immiscer, et allez entendre le plus possible ceux qui, s'étant assimilé par de longs travaux et par une vie de lutte et de sacrifice l'esprit du Christ, le communiquent aux âmes dans leurs prédications.

Et surtout, afin que votre foi se fortifie en s'exerçant, mettez-la en œuvre, excitez-la à l'action.

Aimez à la professer et à la pratiquer.

I.

A LA PROFESSER.

La professer soit dans vos familles, près des vôtres, soit à l'extérieur, dans le milieu social où vous serez d'autant mieux écoutées que vous saurez dire les choses avec grâce et douceur et unir à l'énergie de la conviction l'exquise délicatesse de la charité. Que ce soit au foyer ou dans les salons que vous avez accoutumé de fréquenter, ne souffrez jamais qu'on attaque en votre présence un point essentiel de votre foi sans chercher aussitôt et trouver ce qu'il faut répondre, sans élever la voix, pour exiger des contradicteurs qu'ils fassent la preuve de ce qu'ils avancent et, s'ils le font, sans leur opposer vos preuves à vous qui, je l'espère, seront autrement solides et convaincantes.

Aujourd'hui, c'est la mode et la manie de tout critiquer, de passer au crible la conduite des catholiques, des prêtres, voire même des évêques, de juger la religion d'après quelques-uns de ses représentants qui manquent ou de culture ou d'éducation ou d'équilibre, de généraliser les quelques abus qui sont et seront toujours le fait de l'humaine fragilité. Et voilà contre quoi vous ne manquerez pas de vous élever, en toute occasion.

L'homme est faible et imparfait, enclin à mille défauts, et même le plus saint n'est pas exempt de misères, mais la doctrine, elle, est parfaite et divine, sans tache et sans rouille ; sans doute, il peut arriver qu'elle se déforme en entrant dans des cerveaux mal faits, dans des cœurs étroits, dans des volontés débiles, dans des personnalités immobilisées par la routine, mais est-ce d'après les formes qu'elle y prend qu'il est juste de l'apprécier et n'est-ce pas plutôt en elle-même ou du moins, puisqu'il faut bien qu'elle soit exprimée quelque part, là où elle est largement comprise, sans erreur et sans étroitesse ?

Sachez donc en toute occasion remettre les choses au point, et quand vous entendez quelque injuste critique, quelque faux jugement, ne craignez pas de vous écrier : « Le Christ et l'Église n'ont pas dit cela ; ceci est mal compris ou inventé à plaisir ; voici quelle est à ce sujet l'idée catholique. »

Puis, si on s'acharne à attaquer notre doctrine dans ce qu'elle renferme d'essentiel, à traiter tel ou tel dogme d'illusion ou de mensonge, n'hésitez pas à le défendre en en montrant la convenance, et surtout ne laissez pas passer une seule occasion de rabaisser la raison orgueilleuse qui le traite de si haut avec le mystère en lui faisant toucher ses limites et en l'acculant à toutes les obscurités qui enveloppent les objets les plus communs de sa recherche.

Comment voulez-vous que notre foi puisse y tenir, battue qu'elle est par toutes les armes loyales et déloyales, si nous ne nous dressons pas tous pour la défendre? On attaquerait notre honneur, notre réputation, nos intérêts, nous ne le pourrions souffrir; on s'acharne contre nos croyances, nous fermons les yeux, nous nous retranchons derrière un lâche silence quand nous ne tendons pas la main à nos adversaires, quand nous ne leur sourions pas et quand nous n'allons pas jusqu'à faire nôtres leurs doutes et leurs négations.

Que l'on respecte les idées d'autrui, quand la bonne foi les inspire; qu'on leur oppose les siennes avec douceur et modération, il le faut, et en agir autrement ne serait ni raisonnable ni chrétien; mais encore est-il qu'il n'y a pas à avoir peur de ceux qui pensent autrement que nous et qui nous présentent leur façon de penser comme la seule juste et admissible.

Défendez donc votre foi, Mesdames, et pour cela mettez-la bien au point. Ne confondez pas avec elle ce qui est pure opinion libre, apport de l'homme, simple invention d'une imagination mystique ou d'une sensibilité détraquée. Notre doctrine se réduit à peu de points précis et fixés; le reste est livré aux discussions de tous. Mais ce qui est essentiel et ce que l'Église nous fait un devoir de maintenir, ne supportons pas qu'on le tourne en dérision ; protestons, et non pas seulement par des paroles en l'air, mais par des raisons et des arguments qui montrent à nos adversaires ou l'exagération ou le mal fondé de ce qu'ils avancent.

II.

A LA PRATIQUER.

Non contentes de professer votre foi, pratiquez-la.

Et je parle ici d'une pratique ouverte, généreuse et constante, car votre foi est une vie, et comment voulez-vous qu'elle dure et prospère si vous la laissez se consumer dans l'inaction?

Votre foi, c'est le Christ, c'est l'Église, ce sont les Sacrements.

a) Pratiquez le Christ, c'est-à-dire vivez de Lui et pour Lui. Connaissez-le, entrez dans son intimité, aimez-le, obéissez à ses leçons, imitez ses exemples. Il n'a pas cessé de vous parler dans son Évangile : il y vit réellement par sa pensée et sa parole. Allez-vous l'y écouter et y communier à son esprit? Combien parmi vous lisent l'Évangile, le portent, le méditent et s'efforcent de s'en assimiler la sublime doctrine? L'Évangile, on ne le connaît pas, on ne le lit pas; les catholiques l'ignorent si bien que ceux qui le prêchent semblent raconter des nouveautés. On cite textuellement certaines paroles du Christ et il n'en faut pas plus pour scandaliser des auditeurs qui passent pour des gens de toute dévotion et pour s'entendre traiter de « socialiste ».

b) Avec le Christ, pratiquez l'Église, je veux dire connaissez-la, aimez-la, vivez en elle. L'Église, c'est l'infaillible autorité qui nous éclaire et qui nous guide; l'Église, c'est cette société universelle où peuvent entrer ici-bas toutes les âmes et qui doit avoir au ciel son achèvement; l'Église, c'est le Royaume de Dieu que le Christ est venu fonder pour tous. Ne le rétrécissez pas à votre taille et à votre mesure; ne confondez pas cette société immortelle avec les petits groupements de la terre, aux frontières fermées, aux limites précises. L'Église a un corps sans doute mais son âme en déborde et se porte partout; elle est catholique et cela veut dire qu'elle est largement ouverte à toutes les âmes de bonne volonté dans tous les siècles et sous tous les ciels. N'allez pas criant partout, sans y rien comprendre, cette parole qui sonne comme un anathème : « Hors de l'Église, point de salut. » Expliquez-la et placez à côté d'elle, pour en faire ressortir la signification et l'envergure, cette autre parole qui a retenti sur le berceau du Rédempteur : « Paix aux hommes de bonne volonté! »

Ne confondez pas non plus l'Église avec ceux qui la représentent et qui peuvent payer leur tribut, parce qu'ils sont hommes, à la misère à laquelle vous payez le vôtre. L'Église est une autorité divine, un magistère, une source de vie surtout. Si quelques-uns de ses membres ou même de ses chefs ont été et peuvent paraître encore intolérants, étroits, fermés au progrès et aux larges courants des siècles nouveaux, elle, elle a toujours été et sera à jamais la tolérance, la justice et l'amour même, puisqu'Elle n'a eu et n'aura au fond d'autre esprit que celui de son Fondateur, qui a porté ces vertus à leur apogée et nous a engagé à les pratiquer à notre tour et à ne pas permettre que d'autres que nous puissent y tenir davantage et en désirer plus ardemment la réalisation.

c) Enfin pratiquez les Sacrements, car ce sont les sources de la vie chrétienne. Allez à eux avec une conscience éclairée, non par routine mais par conviction, par goût et aussi par besoin. Rappelez-vous que ce ne sont pas de simples symboles, des signes vides, mais des moyens réels et puissants, les canaux par où circule la grâce et par l'entremise desquels elle vient fortifier et apaiser votre âme.

Ayez un directeur prudent et éclairé. Vous n'ignorez pas, en effet, quelle est la salutaire influence d'un bon confesseur, de celui qui sait être à la fois pour l'âme qui se confie à lui un père, un ami et un guide. Si nous tombons souvent dans des états de langueur et de sécheresse, c'est qu'il nous a manqué un secours, une main tendre et ferme pour nous relever, une parole claire et résolue pour nous pousser en avant. Comme le malade de l'Évangile, nous n'avons eu personne pour nous tremper dans ces eaux salutaires qui rendent la vie et la santé, quand elles sont agitées par le mouvement de l'Esprit.

De là, l'utilité d'un vrai directeur. « Choisissez-le entre mille, nous dit saint François de Sales, et quand vous l'aurez trouvé, tenez-vous-y. »

Le vrai directeur n'est pas précisément celui qui impose une ligne de conduite; la liberté de l'âme qui se confie à son expérience est pour lui ce qu'il y a de plus sacré.

Mais s'il ne force pas, il persuade, il convainct; il montre clairement la voie à suivre et les moyens à prendre pour y marcher résolument, et il vous attire peu à peu, par une tendre et douce autorité, à vous y engager et à y persévérer. Pour cela, il met en branle la volonté, il réveille l'initiative, il apprend à la liberté à se dominer et à faire usage de ses forces personnelles au lieu de s'en rapporter toujours à des impulsions étrangères; en un mot, il forme et développe la personnalité. Selon saint François de Sales, le directeur est quelqu'un « qui travaille à se faire passer de lui », et c'est une excellente définition, et c'est dire que celui qui prend en main les intérêts d'une âme ne doit avoir qu'un désir et ne tendre qu'à un but : rendre cette âme capable de se conduire elle-même, de répondre spontanément aux invitations de sa conscience et aux touches de l'Esprit de Dieu, de quitter en un mot l'état de tutelle pour mener une vie en tous points personnelle.

Ne soyez donc pas de celles qui ne peuvent pas faire un pas ni accomplir les actions les plus communes sans avoir besoin de conseil et de secours, sans être obligé de mettre un tiers entre elles et leur devoir. Un chrétien bien formé et conscient de sa liberté sait se diriger soi-même avec l'aide toujours présente et intérieure de l'Esprit de Dieu, et s'il a recours à des conseils spéciaux c'est seulement dans les circonstances difficiles qui se présentent à lui ou pour élever sa vie à un degré supérieur d'activité et de vertu. En tout cas, la confession fréquente, la communication ordinaire avec son directeur est le plus sûr moyen de se maintenir dans la piété ou, si l'on est tombé dans la tiédeur, de se reprendre et de se remettre à flot.

Ainsi, vous traiterez le sacrement de Pénitence avec autant de respect que de discrétion. Ce n'est pas un jeu que de se confesser, ce n'est pas un acte machinal et sans portée, c'est un acte des plus sérieux et un de ceux qui tirent le plus à conséquence. Nous n'allons pas aux pieds du prêtre pour traiter simplement quelque affaire, pour nous entretenir avec un homme éclairé, pour satisfaire je ne sais quelle puérile curiosité ou pour faire comme tout le monde, mais plutôt pour incliner notre âme, sujette à tant de misères, sous le geste de Dieu qui bénit et qui sauve.

Quand vous revenez du saint Tribunal, ne mêlez pas ce que vous y avez entendu aux cancans qui alimentent la conversation du monde, ne parlez pas de celui qui y siège, à la place de Dieu, comme du premier venu dont on passe au crible et les manières et les idées, mais gardez à son sujet un respectueux silence. S'il n'est pas celui qu'il faut à votre âme, car il y a différentes façons de traiter les consciences, cherchez-en un autre, mais ayez envers tous ceux qui accomplissent cette fonction sacrée le même respect et la même discrétion.

Ne changez pas de confesseur par mode ou par curiosité, mais tenez-vous-en à celui que vous avez une fois choisi et qui vous traite avec tact, douceur et fermeté. Enfin, n'abusez pas de ce sacrement et du temps précieux de ceux qui y sont préposés, sachant bien qu'il y a toute une catégorie de manquements et d'imperfections qui peuvent être remis par d'autres moyens, et vous rappelant que la Pénitence est un remède qu'il faut savoir prendre en temps opportun mais auquel il n'est pas bon de s'adonner sans discernement.

Plus que la Confession, pratiquez la Communion. La sainte Table est servie pour vous; venez souvent vous y asseoir. Pourquoi ne pas profiter davantage de ce moyen incomparable que le Christ tient à votre disposition? Pourquoi ne pas en mieux comprendre la valeur et l'efficacité et croire que vous avez satisfait aux désirs du Maître et aux besoins de votre âme quand vous avez communié une fois par mois ou à toutes les grandes fêtes? Il faut un régime plus tonique que celui-là pour résister à la tiédeur qui est chez nous le mal endémique et qui ne manquera pas de vous gagner si vous ne venez pas plus souvent à ce banquet mystérieux qui, s'il est la récompense des vainqueurs, est aussi le stimulant des faibles et le secret de leur triomphe. Et surtout, ne vous maintenez pas dans cette erreur trop répandue et qui consiste à croire que l'on est tenu de recourir au sacrement de Pénitence toutes les fois que l'on désire communier. Non. Si votre âme est en grâce avec Dieu, et vous le saurez par un examen de conscience relativement facile, vous pouvez aller sans crainte à la sainte Table, et cela malgré vos imperfections et vos fautes vénielles. Vous le savez : la Pénitence est surtout un remède ; la Communion, elle, est un aliment. On prend un remède de loin en loin, à moins qu'on ne soit gravement malade, mais c'est tous les jours qu'il faut user de la nourriture, et telle est, du reste, l'intention de Notre-Seigneur qui n'a choisi pour matière de son Sacrement l'aliment commun et la boisson usuelle que pour nous engager à en faire notre nourriture ordinaire.

Alors votre piété, entretenue par les conseils d'un directeur exercé et par l'habitude éclairée de la Communion, sera large, ouverte et aimable. Pas de pruderie, pas de ces airs mystiques qui font naître la gêne et jouent le rôle d'épouvantail, pas de ces lamentations inefficaces sur la foi qui se perd et sur le malheur des temps, mais une charité clairvoyante qui sache s'allier avec toutes les nécessités de votre état, tous les détails de votre vie, toutes les exigences de votre rang, toutes les distractions légitimes, tous les devoirs que vous imposent votre rôle d'épouse, de mère, de maîtresse de maison et de citoyenne. Puisque vous vivez en société, vous ne pouvez pas mener l'existence d'une recluse ou d'une béguine, et puisque vous devez vivre pour les autres vous ne pouvez pas consumer votre temps en des prières interminables et en des stations sans fin dans les églises. N'imitez pas ces fausses dévotes qui s'en vont marmottant toujours les mêmes formules, dévouées à l'excès à certaines pratiques, au culte de certains saints que pour un peu elles feraient passer avant Dieu lui-même, faisant partie de tous les tiers-ordres et de toutes les confréries, ne manquant pas une seule cérémonie, n'ignorant aucun des cancans qui se colportent autour des sacristies et jouissant même à ce sujet d'une puissance d'invention qui tient du prodige, et qui, pour toutes ces raisons, n'en sont pas plus charitables et n'en mettent pas davantage une garde à leurs lèvres venimeuses et toujours prêtes à répandre le fiel et à entamer les réputations les plus immaculées.

Et que cette piété bien entendue et digne d'être aimée et imitée par tous ceux qui en goûtent les fruits et en respirent le parfum rayonne à votre foyer. Autant que cela vous est possible, instituez-y et maintenez-y l'excellente pratique de la prière en commun. C'est à vous, mères chrétiennes, qu'il appartient de prendre l'initiative du culte domestique. Comme le soir est le moment où l'on a accoutumé de se retrouver réunis, c'est aussi l'instant le mieux indiqué pour la prière. Et comme les serviteurs, si on y regarde avec la raison et le sens de la fraternité humaine, sont comme l'extension de la famille, ils doivent y prendre part afin que tous ne fassent qu'un corps et qu'une âme dans l'expression de leurs sentiments religieux. Disons de même des amis, qui sont comme les membres adoptifs de la famille et qui l'élargissent et la complètent.

Comprenez qu'une telle prière est douée d'une efficacité spéciale : « Là où deux ou trois seront « réunis en mon nom, je serai au milieu d'eux. »

La communion des Saints, en effet, cet admirable dogme qui n'est que le développement surnaturel de l'instinct naturel de solidarité, veut que l'on se rende mutuellement service et que les mérites de l'un puissent retomber sur les autres. La famille jouira donc des grâces obtenues par la prière en commun et elles se répartiront, au prorata des besoins, sur la tête de ses membres.

Le premier mot qui devra s'échapper à ce moment des lèvres et des cœurs priant à l'unisson sera celui qui ouvre la plus simple et la plus sublime des oraisons, celle que le Christ lui-même nous a appris à réciter : « Notre Père qui êtes aux cieux. » Par là, en effet, la famille reconnaît la source d'où elle émane et le but où elle tend par ses travaux et par l'union de tous ses membres. C'est là la vraie formule domestique, la mieux faite pour opérer le concert des sentiments et des volontés, pour effacer les malentendus et faire oublier les fautes, pour apaiser les inquiétudes et les craintes, pour créer en un mot l'entente de tous dans un commun élan de concorde et d'espérance.

« Je l'ai dit et le redis encore, écrit Ollé-« Laprune, le *Pater* récité naïvement mais avec « toute l'âme embrasse tout : Dieu et l'homme, le « ciel et la terre, l'avenir et le présent, les espé-« rances éternelles et les misères de cette vie, les « intérêts de Dieu, si je puis ainsi parler, et les « nôtres, ceux de chacun, ceux de tous. »

La prière en commun est malheureusement un pieux usage qui se perd de plus en plus et qu'il faudrait tenter de rétablir pour le bien et l'union de tous. Vous saurez faire revivre dans vos foyers une si sainte habitude ; vous profiterez pour cela d'une fête, d'une circonstance, de l'occasion d'une grâce temporelle à demander à Dieu.

Vous réunirez tous les vôtres autour de vous ; votre douce ferveur rayonnera sur eux. Vous vous agenouillerez de concert en présence de Celui d'où découle toute paternité, qui est le maître de la vie et de la mort et sans le secours de qui nous ne pouvons rien, et la voix de l'un de vos enfants, du plus petit, du plus innocent, s'élèvera vers le ciel, traduisant en cette langue, que le Seigneur entend et bénit, les sentiments de tous les cœurs et la religion de la famille.

ONZIÈME CONFÉRENCE.

La Chrétienne (*suite*).

Croyantes, vous serez aussi des apôtres, vous ferez rayonner votre foi non seulement au foyer, mais encore au dehors, le plus loin possible, et vous dépenserez le superflu de vos ressources et le meilleur de votre activité dans les œuvres chrétiennes.

Il est deux sortes d'œuvres auxquelles votre concours est indispensable : les œuvres de propagande chrétienne ou d'instruction et les œuvres de bienfaisance.

I.

LES ŒUVRES DE PROPAGANDE.

Et d'abord, il vous incombe de répandre la doctrine de l'Évangile. C'est, à l'heure actuelle, la mission urgente de tout catholique. L'ignorance religieuse est immense et la cause de beaucoup de maux. A vous de la combattre avec nous; à vous de contribuer avec nous à l'instruction et à l'éducation religieuse du peuple; car ce n'est pas par de grands discours que l'on transformera les opinions toutes faites et les préjugés de la démocratie, que l'on comprimera les funestes courants qui l'emportent, ou plutôt qu'en les endiguant et en les dirigeant on les fera tourner à bien, mais c'est plutôt par l'action d'individu à individu, d'âme à âme, c'est par les œuvres de propagande et d'enseignement, surtout par le catéchisme.

Et d'abord, Mesdames, faites le catéchisme. Les prêtres ne suffisent pas à cette tâche, ils sont débordés. Le nombre des enfants qu'ils ont à instruire, du moins dans nos villes, est trop grand. Il leur est impossible de s'occuper de chacun en particulier et de suppléer aux lacunes de l'instruction reçue au foyer. A vous de les aider. Quelle œuvre meilleure à la fois et plus captivante que d'ouvrir ces jeunes intelligences à la connaissance de Dieu, que de former ces cœurs encore naïfs et sincères à la pratique des vertus chrétiennes? Jeunes filles, voilà de quoi occuper utilement vos heures de loisir et de quoi faire fructifier votre science acquise; vierges et veuves qui n'avez pas d'enfants à élever, voilà aussi le moyen de remplir votre rôle social en vous occupant des enfants des autres Il faudrait que de partout les bonnes volontés vinssent à cette œuvre essentielle et que les catéchismes se multiplient dans toutes nos paroisses, et cela sera encore plus nécessaire si la raréfaction des écoles libres et la multiplication des lycées oblige nos enfants à recevoir l'enseignement religieux à côté de l'école.

En même temps que les enfants, catéchisez le peuple et, en particulier, ceux qui sont plus directement sous votre charge, domestiques, ouvriers, travailleurs, ceux que vous visitez ou secourez, pauvres ou malades.

Appliquez-vous surtout à l'instruction du peuple, car la plupart de ses vices découlent de son ignorance. Eclairer son esprit, lui inculquer des idées saines, des convictions solides, des principes chrétiens est une tâche de plus en plus urgente, car il est temps de contre-balancer le funeste ascendant de tous ceux qui, sous prétexte de servir les intérêts de la démocratie, l'excitent à la révolte et l'encouragent au vice. Ceux-là ne négligent rien pour détruire dans les âmes le sentiment religieux, le sens de l'autorité, le respect et la tolérance qui sont les freins les plus puissants contre les passions. Travaillons-nous à contredire cette œuvre néfaste? Pas assez. Nous ne sommes pour cela ni assez actifs, ni assez unis; nos forces sont éparpillées sur des terrains trop distants les uns des autres. Nous manquons, dans nos efforts, de cohérence et d'entente. A nous donc de rassembler toutes nos ressources pour pourvoir à l'instruction du peuple; encourageons par tous les moyens l'initiative de ceux qui se vouent à cette mission; soutenons leurs œuvres, catéchismes, cercles d'étude, patronages, instituts populaires, syndicats, conférences, associations de toutes sortes; tâchons aussi d'attirer le peuple dans nos églises afin qu'il y reçoive une parole vraiment évangélique qui l'éclairera sur ses devoirs et rapprochera son âme inquiète de Celui qui l'aime et qui l'appelle à Lui pour lui donner la paix.

Son relèvement moral doit commencer par là. Il faut lui rendre la foi en lui montrant que notre religion n'est pas ce qu'on lui dit : un instrument d'oppression dans la main des puissants et des riches, un joug insupportable qui entrave l'essor des facultés humaines, mais qu'elle est au contraire un organe de vraie liberté, une source inépuisable de justice, de tolérance et de progrès.

Quand il l'aura comprise telle qu'elle est en soi, quand surtout il l'aura vue intégralement pratiquée par les catholiques, pratiquée non selon la lettre qui tue, mais selon l'esprit qui vivifie, alors il commencera de l'aimer et il entrera dans le sein de cette Église d'où l'ont chassé tant de mensonges et tant de préjugés. Alors il verra clairement que tous ceux qui se targuent de renverser le christianisme et de remplacer l'Évangile par une prétendue doctrine de progrès et de liberté lui ont emprunté tout ce qu'ils disent de juste et de bon, et ne sont des utopistes que dans la mesure où ils s'éloignent de ses principes si clairs et de ses commandements toujours anciens et toujours nouveaux, éternellement adaptés à tous les besoins humains et à toutes les formes sociales.

Bien plus, intéressez-vous à la masse sociale, réclamez votre part et prenez-la dans le mouvement qui se dessine de plus en plus pour le relèvement des classes populaires.

On entend beaucoup répéter : Il faut aller au peuple. Oui, mais ce n'est pas uniquement en parole qu'il faut y aller, c'est en réalité, par l'élan de notre cœur et par de libres efforts et d'audacieuses initiatives. Aller au peuple par le cœur d'abord, c'est le considérer, au vrai point de vue humain et chrétien, comme notre semblable, comme notre frère.

Le Christ, de son souffle puissant, a balayé l'antique esclavage, et ce sont les principes de l'Évangile qui, se répercutant sur toute la terre, ont permis à tous les hommes de naître, de vivre et de mourir en liberté. Mais parce que la nature humaine conserve malgré tout ses instincts pervers, il n'en a pas manqué, et peut-être n'en manque-t-il pas encore, qui ont entretenu en eux cette envie de dominer, cette fierté pleine de morgue reposant sur un nom, une fortune, une fonction sociale plus ou moins importante ou plus ou moins rétribuée. Et il a subsisté, et il subsiste encore, des divisions non seulement — ce qui est légitime et nécessaire — au point de vue hiérarchique et extérieur, mais même dans l'esprit et dans le cœur d'un grand nombre. N'y en a-t-il pas qui considèrent ceux qui sont socialement au-dessous d'eux d'un œil méprisant, comme des êtres de trempe inférieure, dignes de pitié et de protection, mais non de cette bienveillante amitié et de cette délicate sympathie que l'on accorde à des égaux? Et c'est ce qui a occasionné pour une part ce que l'on appelle « la lutte des classes », la révolte des couches inférieures de la société, les protestations et la colère du prolétariat. Si le peuple, à certains moments, n'a pas su garder la mesure dans ses revendications, s'il a été injuste envers ceux-là même qu'il accusait d'injustice, si, à l'heure présente, il est aveuglé par les déclamations intéressées de tant de démagogues ambitieux, il y a, il ne faut pas se le dissimuler, quelque chose de vrai et de juste dans ses exigences, et, en tout cas, il reste encore à combler le fossé qui subsiste entre les masses populaires et la classe que l'on appelle, je ne sais trop pourquoi, « la classe dirigeante »; et si je dis : je ne sais trop pourquoi, c'est qu'à part de louables exceptions, la plupart de ceux qui la composent ne dirigent plus rien que leurs affaires et leurs plaisirs. Et d'ailleurs, ce qui doit diriger, ce n'est pas une classe toute seule, distincte et séparée des autres, mais c'est une élite triée dans toutes les classes sociales où peuvent se rencontrer, au même titre, des intelligences lucides et de généreuses volontés.

Travaillez donc de votre côté, Mesdames, à démolir ces barrières factices qui séparent encore les classes sociales et leur rendent impossibles ces communications d'où procèdent l'entente et la concorde; vous aussi, révoltez-vous contre les préjugés et les idées étroites que vous tenez peut-être d'une éducation trop exclusive et pas assez sociale; rayonnez, allez à tous; tout en reconnaissant les distinctions sociales nécessaires au bon ordre, ayez au plus profond du cœur le besoin et le culte de l'égalité et de la justice pour tous, et travaillez à faire, par vos paroles et par vos œuvres, l'union de tous dans la vérité et l'amour.

J'ai dit : par vos paroles. Pourquoi vous aussi, en effet, n'emploieriez-vous p[illegible]e facilité d'élocution proverbiale et une éloquence nourrie par de solides études et enhardie par la foi à vous adresser à des auditoires avides de lumière? Les femmes de France ont osé se lancer dans des Conférences qui ont réussi en beaucoup d'endroits.

Pourquoi cette innovation ne passerait-elle pas dans nos habitudes sociales et ne deviendrait-elle pas un nouveau moyen d'action et de progrès? Il faudrait seulement pour cela que celles d'entre vous qui se sentent des dispositions et du goût pour ce genre de ministère social s'y forment de bonne heure, se réunissent et étudient et s'exercent dans ce but. Au lieu de salons frivoles, de soirées dansantes, de niaises causeries et de jeux innocents, nos jeunes Françaises auraient des cercles d'étude, des comités où elles aussi se renseigneraient sur les questions sociales qui ont tant de rapport avec le rôle général de la femme; elles aussi, elles se mêleraient alors à leurs compagnes des autres classes pour parler avec elles des intérêts communs et préparer de nouveaux défenseurs de la morale chrétienne et de la justice sociale. Les classes sont plus que distinctes, toujours et malgré tout séparées; on ne se mêle pas, on ne se coudoie pas, on ne se sent pas vivre de concert. Pourquoi ne travailleriez-vous pas de votre côté, Mesdames, et dans la mesure de vos moyens qui sont nombreux et efficaces, à créer plus de rapprochement et plus d'union entre des semblables et des frères?

Mais pour cela, parler ne suffit pas : il faut pratiquer ce que l'on prêche. Ce n'est pas seulement en parlant du peuple avec émotion et pitié, ce n'est pas en plaignant de très haut ses misères que vous concourrez efficacement à son salut, mais c'est par l'action vivante et par l'amour actif. Comme son maître, le vrai disciple du Christ doit aller au peuple, vivre de sa vie, souffrir de sa souffrance, partager ses intérêts et lui faire sentir que les mains qui se tendent vers lui ne sont pas poussées par un vulgaire calcul, mais par le désir de le servir, de lui être utile et de se dévouer à son bonheur, en un mot par l'amour. Eh ! oui, voilà bien le point de vue juste et chrétien : c'est que plus on est haut placé dans l'échelle sociale, plus on est tenu de se dépenser au service d'autrui ; au fond, les hautes positions, la fortune, les honneurs ne sont que des charges qui accroissent la responsabilité de ceux sur qui elles pèsent et qui leur font un devoir plus urgent et plus étroit de devenir les serviteurs de leurs frères. « Je ne suis pas venu pour être servi, mais pour servir », disait le Christ, fils de Dieu, et son représentant visible, le Chef infaillible de son Eglise ne veut pas prendre et ne doit pas réaliser d'autre titre que celui de « serviteur des serviteurs de Dieu ». Quiconque ne pense pas et n'agit pas ainsi est indigne des charges sociales qu'il prétend remplir ; c'est un usurpateur, il vit sur une considération qu'il ne mérite pas. Qu'il ne s'étonne donc ni ne se plaigne si on le méprise et si ceux qu'il devrait servir et par qui il se fait servir s'insurgent contre lui et parlent de le faire descendre d'un rang qui est pour lui une position de tout repos, alors qu'il devrait être un poste de direction et de dévouement.

Si le socialisme moderne rêve d'une communauté tyrannique où serait contrainte toute initiative et abolie toute liberté, opposons-lui la vraie communauté d'esprit, de cœur et de service qui, tout en maintenant les distinctions extérieures nécessaires à l'harmonie sociale, rassemblera et unira tous les hommes dans le respect mutuel, l'échange volontaire des services et l'amour désintéressé! *Cor unum et anima una.*

Il nous incombe, donc, Mesdames, en tant que catholiques, de nous préoccuper plus que personne du sort des classes populaires, de leur subsistance, de leur instruction et de leur relèvement moral.

Pour ce qui est de leur bien-être physique, sans prendre au pied de la lettre toutes les revendications dont plusieurs sont excessives et passent des discours des sophistes sur les lèvres du peuple, sachons reconnaître ce que certaines ont de juste et de fondé et applaudissons à tous les projets de réforme qui pourraient efficacement y répondre. S'il est des besoins factices, fruits d'une civilisation mal contenue et d'une corruption croissante des mœurs publiques, — et ceux-là nous devons les combattre, — il en est d'autres, réels et justes, qui importent à la santé des travailleurs, à l'ordre de leur foyer et à la conservation de leurs droits et de leur dignité, et que nous pouvons et devons satisfaire dans la mesure du possible.

Quand il faudrait consentir à des sacrifices pénibles pour égaliser, je ne dis pas complètement, car c'est une utopie, mais davantage les conditions humaines, ce ne seraient pas, je l'espère, les catholiques, et en particulier, vous, Mesdames, qui reculeriez. Vous vous mettrez, au contraire, et de plus en plus, à encourager toutes les réformes sociales nécessaires, vous rappelant qu'avant de faire la charité il faut travailler à réaliser la justice. Vous vous intéresserez de plus en plus aux intérêts de la masse; sans approuver ses vices et ses excès, vous vous apitoierez sur de réelles misères et vous soutiendrez de votre argent, de votre influence, de votre zèle et de vos exemples toutes les institutions destinées à améliorer le sort des petits et des pauvres.

II.

LES ŒUVRES DE BIENFAISANCE.

Avec les œuvres de propagande chrétienne et d'éducation populaire, soutenez, Mesdames, et encouragez tous les services de la bienfaisance et de la charité; c'est le caractère le plus saillant de notre religion que d'avoir multiplié les moyens de venir en aide à la misère humaine et que d'avoir relevé à tous les yeux la condition des petits et des pauvres.

Si donc vous avez vraiment l'esprit du Christ, si vous êtes ses disciples fidèles, loin de vous confiner dans le souci de vos affaires et la poursuite de vos intérêts, voire même dans le cercle encore étroit d'une famille nombreuse, vous saurez étendre votre cœur vers tous ceux qui peinent et qui souffrent. Si vous ne pouvez tous les atteindre par vos œuvres, vous leur dispenserez du moins et généreusement votre compassion, votre prière et votre amour.

Et quant à ceux qui vous entourent et qui sont placés dans votre rayon d'activité, si vos modiques ressources épuisées par vos charges de famille ne vous permettent pas de les aider matériellement, vous portez dans votre âme des trésors plus précieux que vous ne manquerez pas de leur dispenser avec largesse.

Et même, pour ce qui est de l'aumône matérielle, il est rare que vous n'en puissiez faire dans une certaine mesure. Que de femmes chrétiennes, dépourvues de toute aisance, qui trouvent cependant dans leur maigre budget et dans les économies qu'elles s'imposent de quoi secourir de plus pauvres et de plus malheureux! C'est là la vraie, la grande charité, celle qui coûte, celle qui n'est pas seulement prise sur le superflu, mais parfois même sur l'utile, sinon sur le nécessaire.

Et, en tout cas, ce que beaucoup de femmes chrétiennes pourraient et devraient oser une fois pour toutes, afin de s'adonner plus efficacement au soulagement des misères qui les entourent, ce serait de diminuer leur luxe et de se priver de toilettes inutiles. Je sais que vous êtes obligées de tenir votre rang, mais ne pourriez-vous pas le faire en vous vêtant plus simplement, en allégeant votre garde-robe et en changeant moins souvent la coupe de vos robes et la forme de vos chapeaux? Croyez-vous que vous seriez moins aimables et moins aimées, Mesdames, et que votre esprit ressortirait moins et que votre cœur attirerait moins si au lieu de faire deux robes par saison vous n'en faisiez qu'une, si vous saviez vous sevrer de certains objets inutiles et purement de luxe et faire briller dans vos salons, au lieu de potiches et de lustres de prix, votre bonne humeur, votre charme et votre sourire accueillant? Alors vous emploieriez vos économies à faire le bien d'une façon discrète et intelligente.

C'est surtout le pauvre honteux qu'il faut s'ingénier à secourir avec délicatesse, en ménageant sa susceptibilité, en ayant égard à son passé, en ne froissant pas par une publicité imprudente la plaie saignante de son cœur. Le pauvre honteux, celui qui est dans cet état par sa faute et qui le sent bien et qui pleure sur une vie qu'il ne peut pas refaire, n'est-ce pas l'enfant prodigue qui a dissipé dans les plaisirs tout son héritage et qui en est réduit à se nourrir des restes que laissent les pourceaux? Et vous vous rappelez avec quelle pitié et avec quel amour l'accueille son vieux père, et comme il lui offre avec joie tout ce qu'il possède!

A ceux qui pratiquent ainsi la bienfaisance, le Christ promet d'éternelles récompenses, un trésor que la rouille n'atteint pas et qui est hors de la prise des voleurs. Voyez-le descendre chez Zachée, quoiqu'il passe pour un pécheur, afin de le récompenser de sa charité. « Il donne, en effet, aux pau-« vres la moitié de ses biens, et s'il a fait quelque « injustice, il la répare en rendant quatre fois « plus. »

Mais ce qu'Il loue plus que tout le reste, c'est le don du pauvre à plus pauvre que lui, car c'est là le signe d'un sublime désintéressement. Comme Il passe près du tronc destiné aux offrandes, parmi les riches qui y versent il voit une pauvre femme y jeter deux oboles : « En vérité, dit-il à « ses apôtres, cette veuve a mis plus que tous les « autres ensemble, car ils ont donné de leur « superflu et elle de son nécessaire. »

Comprenez de tels exemples, Mesdames, et observez les recommandations du Maître. Distribuez aux indigents votre superflu, et par superflu j'entends ce qui n'est nécessaire ni à notre subsistance et à la subsistance des vôtres, ni à la position et à l'avenir de vos enfants, ni à la représentation qu'exige votre condition sociale. Et encore y a-t-il dans la façon dont on se croit obligé de tenir son rang une quantité de préjugés dont les véritables chrétiens pourraient s'émanciper et qu'ils devraient combattre afin de pouvoir augmenter le taux de leurs largesses.

Et ce superflu, apprenez à le répandre discrètement et sans emphase, d'une façon qui, loin d'humilier l'indigent et de le faire rougir, lui prouve le respect et l'amour qui inspirent votre aumône.

N'est-il pas de mode aujourd'hui de faire la charité d'une manière éclatante, à son de trompe, comme la faisaient les Pharisiens au temps du Christ ?

On organise des concerts, des fêtes, voire même des bals de charité ; on ne secourt pas le pauvre chez lui, dans son foyer désert ; c'est trop pénible et pas assez voyant, mais, de très loin, avec un beau geste où le dédain se mêle à la pitié, on lui jette la pièce d'or dont on n'a que faire, du théâtre, du bal, du salon paré et ruisselant de lumières où se dérobent sous un luxe de commande la corruption et la sécheresse des cœurs. Et on appelle cela la charité, et on ose accoupler ce mot divin qui est le nom même de Dieu à des mots qui font penser aux réjouissances les plus plates et les plus inutiles !

Et pendant ce temps le pauvre en guenilles passe à la porte ; il entend les cris de joie, il éclaire à ces milliers de lustres les trous de ses haillons ; il pense à son taudis obscur, aux membres nus de ses enfants ; il jette sur tout ce décor qui insulte à sa misère un regard de haine et d'envie, et il en vient à détester ceux qui s'amusent quand il souffre et qui passent joyeusement leurs nuits dans les fêtes sous prétexte de lui venir en aide et de le consoler.

Oh ! je sais bien ce que vous allez me répondre. Cela fait gagner le commerce, cela fait travailler les ouvriers. Je vous l'accorde ; mais n'y aurait-il pas d'autres moyens, des moyens plus humains de parvenir au même but ? et les catholiques qui festoient et qui dansent ne devraient-ils pas faire de la charité une œuvre et un service au lieu de la tourner en une simple réjouissance ?

Parlerais-je aussi de ces festins qui n'en finissent pas, de ces menus revouvelés des orgies du paganisme ? Et pourquoi pas ? Jésus criait : « Si vous faites un festin, invitez les pauvres. » Où sont les pauvres là dedans ? et leur blouse et leurs guenilles pourraient-ils s'accorder avec la soie et les bijoux de prix ? Jésus racontait aussi l'histoire de cet homme riche qui, ayant préparé un copieux repas et voyant que ces invités ne venaient pas, envoya quérir dans les carrefours de la ville tous les miséreux et tous les meurt-de-faim afin qu'ils pussent profiter de son abondance. Il est rare que les invités d'aujourd'hui se fassent excuser, mais ne devrait-on pas, dans ces repas sans fin, faire la part du pauvre ? et n'est ce pas une dérision de voir cette accumulation de mets et cette gloutonnerie sans nom de quelques parasites, alors que d'autres meurent de faim ou n'ont pour se sustenter que le strict nécessaire ?

Mesdames, soyez-en profondément convaincues : l'avarice, la dureté de cœur, voilà le grand péché, celui qui attirerait sur vous les justes colères de Dieu, le péché contre le Saint-Esprit qui est l'Amour et dont il est dit dans l'Evangile « qu'il ne sera pas pardonné ». Il vous est impossible de servir à la fois deux maîtres : Dieu et Mammon ; il faut opter pour l'un ou pour l'autre. Et ne voyez-vous pas cependant que l'or est aujourd'hui le roi. Il triomphe, il a partout des autels et des adorateurs sans nombre ; il est l'infâme idole à laquelle on sacrifie tout, honneur, famille, patrie et religion et au nom de laquelle on prostitue les sentiments les plus naturels et les plus nécessaires. Voyez-vous la course effrénée qui emporte vers lui tant d'insensés et où les petits et les faibles sont renversés et foulés aux pieds? De l'or, de l'or! crie cette meute, de l'or pour jouir, de l'or pour opprimer, de l'or pour assouvir toutes les passions! de l'or pour nourrir la volupté et pour gorger la haine!

Fuyez ce flot qui vous emporterait; écartez-vous de la voie périlleuse que suivent les ambitieux et les avares. Vivez dans la simplicité, vous contentant de votre sort et estimant en avoir assez, si vous possédez de quoi vivre sans faste et de quoi secourir quelquefois de plus pauvres que vous.

Et si vous êtes riches sans l'avoir voulu, si vous avez reçu de vos pères un important héritage, au lieu de thésauriser et de remplir des coffres insensibles, au lieu de jeter l'or à pleines mains dans des plaisirs avilissants et dans des fêtes où seuls vos pareils sont admis, pensez que vous avez une mission humaine et sociale à remplir, qu'il ne vous est pas permis d'abuser de vos richessses, que vous avez été choisies de par la Providence pour être les aumôniers de vos frères indigents, les dépositaires et les dispensateurs des biens nécessaires à leur vie, que vous êtes tenues sinon en justice du moins par charité à subvenir à leurs besoins, et qu'il vous appartient — et c'est là la grandeur de votre rôle — de semer autour de vous, par des largesses bien comprises, de la santé, de l'espérance et de la joie.

Riches, jetez donc votre or au creuset de la charité, fondez-le au souffle brûlant de votre cœur et faites-en de l'amour, un amour qui rayonne sur les pauvres pour les consoler, les éclairer et leur rendre le courage de vivre. Alors, soyez-en sûres, vos biens n'exciteront ni l'envie, ni la haine; ils seront féconds et sanctifiants; ils deviendront la rançon de tous vos péchés et vous mériterez, au jour des éternelles justices, de vous entendre appeler et bénir par Celui qui doit rendre à chacun selon ses œuvres.

Enfin, non contentes de vous ingénier pour venir au secours de toutes les formes de l'indigence, dévouez-vous au soulagement des souffrances physiques et morales.

Ayez un culte pour les malades, les infirmes et les agonisants. Aimez à les visiter, à les soigner de vos propres mains, à retourner leur lit, à leur parler doucement et avec amour des espérances éternelles. Sur leurs grabats, sur leurs lits de douleur, ils nous représentent notre Sauveur crucifié qui nous tend ses bras et nous supplie de compatir à son martyre.

Au regard du chrétien, en effet, le Christ, invisiblement présent dans le Sacrement, l'est aussi dans les corps affamés et douloureux. Fait chair une première fois, le Verbe de Dieu continue pour ainsi dire à se faire chair dans la personne de tous ceux qui souffrent. C'est Lui qui pleure, qui mendie, qui appelle au secours, ou du moins, si ce n'est pas Lui-même en personne, il n'y a pas d'images plus frappantes de son humanité crucifiée que les souffrants et que les miséreux. Sa croix se propage et se multiplie à l'infini à travers le monde pour l'expiation des péchés et le rachat des âmes. Sa croix, je la vois dans l'orphelin privé de tout secours, dans l'infirme cloué sur son grabat, dans l'indigent qui n'a pas même de quoi soutenir sa vie et celle de ses enfants, dans le désespéré qui appelle la mort, dans tous ceux qui souffrent, qui manquent du nécessaire, qui gémissent sous les coups de l'adversité; en tous, je vois, je sens, je reconnais la croix de mon Sauveur. En tous, j'adore et je sens vivre mon Maître, et c'est Lui que je cherche, que je trouve et que j'aime en eux; et c'est Lui qui, m'attirant vers eux, m'incline vers leurs plaies, me penche sur leurs misères, m'invite à partager leurs peines, à sécher leurs larmes, à leur sourire et à leur offrir ce que j'ai de meilleur en moi, le plus libre et le plus spontané de mon amour.

Or c'est surtout à la femme qu'il appartient d'être expérimentée dans cet art de soigner et de consoler, et elle y emploie tout ce qu'elle possède de délicatesse, de charme et de force morale. N'y-a-t-il pas en vous toutes, Mesdames, l'étoffe d'une sœur de charité? C'est dans l'accomplissement de cette fonction que toutes vos qualités ressortent et s'affirment : ce qu'il y a parfois en vous d'un peu superficiel disparaît et vous êtes toutes au service de vos pauvres frères, leur donnant de votre pensée, de votre cœur, de votre vie, un temps que vous ne regrettez pas et des forces qui, par je ne sais quel prodige, ne s'usent pas et semblent se renouveler dans des soins auxquels d'autres ne pourraient suffire.

Quand Dieu a pétri votre cœur avec tout ce qu'il a pu trouver dans son amour infini de plus robuste et de plus doux, il y a mis tout d'abord la pitié et une pitié si large et si vivante qu'elle sait se multiplier et se dépenser sur beaucoup et sur tous sans jamais perdre de son inépuisable vitalité.

Descendez donc, quand il s'agit de ceux qui souffrent, aux plus menus détails. Il n'y a pas de soin qui répugne quand on est guidé par la charité. Les saints n'allaient-ils pas jusqu'à accomplir des actes qui paraissent et qui sont en effet au-dessus de la nature? Sainte Elisabeth, par exemple, qui pressait ses lèvres sur les plaies et sur les ulcères. Que de blessures qui réclament une main tendre et douce et qui n'ont souvent pour les panser qu'une main impatiente et sans délicatesse! Il faudrait que sur notre terre chrétienne, surtout sur notre sol de France, il n'y ait pas un seul malheureux qui puisse pousser le cri que jetait le paralytique de l'Evangile : « *Hominem non habeo*... je n'ai personne. »

Allez à la recherche de ceux que nul ne connaît, de ces martyrs honteux qui souffrent en silence, et offrez-leur respectueusement vos services et votre tendresse. Si d'autres passent sans avoir égard à leur misère, sans deviner leur plainte, vous autres, arrêtez-vous et montrez-vous leur ami, leur frère, leur « prochain » — imitant en cela le bon Samaritain de l'Evangile.

Un homme avait été laissé par les voleurs à demi mort sur une route. Passe un prêtre; il aperçoit le pauvre blessé et continue sa route. Passe un lévite qui n'y fait pas plus d'attention. Mais un Samaritain l'apercevant enfin fut touché de compassion; il s'approche, bande ses plaies, y verse de l'huile et du vin et, le hissant sur sa monture, il le conduit dans une hôtellerie et ordonne qu'on ne le renvoie pas avant de l'avoir guéri.

Mais les souffrances physiques sont quelquefois peu de chose en comparaison des peines de l'âme, des désolations qui suivent les deuils, des infortunes qui viennent troubler des foyers en apparence heureux et paisibles. Quel champ ouvert à votre charité!

Faites-vous les amies et les confidentes des malheureux; sachez souffrir avec ceux qui souffrent et verser, comme le faisait Jésus, sur les tristesses humaines, la bienfaisante rosée des larmes. Souriez à ceux qui désespèrent; ne les brusquez jamais; touchez leur plaie avec une délicatesse infinie et sans y mettre ni le feu, ni le sel; tâchez d'en adoucir la cuisson à force de douceur, de volonté et d'amour.

Vis-à-vis des pécheurs, soyez pleines d'indulgence et de mansuétude; ne les maudissez pas; aimez-les, plaignez-les surtout, car personne n'est plus à plaindre qu'eux. Ne les croyez pas heureux, vous vous feriez illusion. Ce sont des esclaves, esclaves de leurs passions qui ne leur laissent pas un instant de répit; ce sont des forçats, traînant leur boulet et marqués au fer rouge de leurs ignobles habitudes. Pleurez sur eux, exhortez-les, priez pour eux; apprenez-leur surtout à espérer dans la miséricorde infinie qui pardonne tout au repentir et à se tourner avec confiance, au plus fort de leurs épreuves, vers cette croix qui se dresse pour tous et où sont à jamais clouées les iniquités du monde.

Et vous aussi, et vous surtout qui avez embrassé la virginité, votre existence doit être marquée au sceau du dévouement et du sacrifice. Plus libres, plus indépendantes en cet état, il n'est aucune misère du corps ou de l'âme qui puisse vous laisser indifférentes. Partout où vous passez, on attend de vous aide et consolation. Que ce soit dans votre propre foyer livré à la disette ou aux coups de l'adversité, que ce soit chez des amis, auprès des vieillards délaissés ou des orphelins, votre amour doit se dépenser largement et sans calcul. Il y a dans toute femme le cœur d'une mère, et si ce n'est pas à ses propres enfants qu'elle l'ouvre et qu'elle le dispense, il faut qu'elle en prodigue les trésors aux enfants des autres.

Ah ! si vous compreniez ainsi votre rôle, vous seriez partout un objet de vénération et de respect. D'ailleurs, c'est l'unique moyen que vous ayez de ne pas vous laisser aigrir par la vie, de ne pas devenir de ces « bigotes » qui manient leur langue autant pour la médisance que pour la prière et qui sont dans le milieu social plutôt un embarras qu'un service.

Alors vous porterez, avec la couronne de la virginité, l'auréole du dévouement, de l'indulgence et de l'amour. Vous irez de par le monde libres, pures, souriantes, ayant renoncé aux plaisirs les plus légitimes et ayant accepté par contre les peines et les fatigues ; vous vous en irez mères des orphelins, anges des vieillards, soutiens des infirmes, espoir des agonisants, modèles de tous, semant le bien à chacun de vos pas. Et ainsi, vous aussi, vous multiplierez la vie, non pas celle qui passe, douloureuse et finie, mais celle qui demeure et qui rend immortel, et vous pourrez vous rendre ce témoignage et vous l'entendre rendre par le Juge infaillible, que vous aurez accru ici-bas et là-haut le peuple des heureux.

DOUZIÈME CONFÉRENCE

La Chrétienne (*suite*).

L'ŒUVRE DES PETITES-SŒURS-DES-PAUVRES.

Une des plus belles pages de cet apôtre de génie que fut saint Paul est sans contredit celle qu'il a consacrée dans sa première épître aux Corinthiens à faire l'éloge de la charité. Puisqu'il en était le modèle, nul n'était mieux désigné que lui pour en devenir le panégyriste.

Vous connaissez ce passage ; il devrait être gravé dans toutes les mémoires, mieux que cela, dans tous tous les cœurs. Je vous en rappelle la substance :

« Quand je parlerais toutes les langues, dit-il, « si je n'ai pas la charité, je suis un airain creux « et une cymbale retentissante.

« Quand je posséderais toute science et une « foi à transporter les montagnes, si je n'ai pas la « charité, je ne suis rien.

« Et quand je distribuerais tous mes biens aux « pauvres, si je n'ai pas la charité, cela ne me « compte pour rien. »

Voilà le début. Il exprime très clairement en quoi consiste la charité ou plutôt en quoi elle ne consiste pas. Elle ne tient ni dans la science, ni dans la foi, ni dans ce que nous appelons l'aumône.

En quoi donc consistera-t-elle? Le voici :

« La charité est douce et patiente, elle ne se « laisse prendre ni à l'ambition, ni à la jalousie ; « elle ne recherche pas ses propres intérêts ; elle « ne se réjouit pas de l'injustice mais trouve sa « joie dans la vérité ; elle croit tout, elle espère « tout, elle supporte tout. »

Et si vous voulez réunir toutes ces qualités en une seule vertu où toutes soient contenues, vous aurez : l'amour désintéressé. C'est la définition même de la charité.

Et voici la péroraison de ce panégyrique :

« L'amour est le maître de tout et le grand vic-« torieux. Il règne sur les ruines et plane par delà « la mort. Lui seul demeurera debout, et quand la « foi aura été éclipsée par la vision, et quand la « possession aura évacué l'espérance, la charité « vivra, rayonnera et triomphera éternellement : « *Charitas numquam excidit !* »

Beau sujet de réflexion! Méditons-le quelques instants, afin de nous exciter à la charité, qui est la grande vertu chrétienne et celle qui doit inspirer tous nos actes et tous nos désirs, et voyons comment, n'étant ni la science, ni la foi, ni l'aumône, elle est l'amour, l'amour désintéressé, et que cet amour est le maître du monde, le conquérant des âmes et le vainqueur de la mort.

I

LA CHARITÉ N'EST NI LA SCIENCE, NI LA FOI, NI L'AUMÔNE.

a) Et d'abord la charité n'est pas la science ou, pour parler plus clairement, elle n'est pas une résultante de la science, et cela quoi qu'en disent nos modernes sophistes, les sociologues positivistes, en un mot les apôtres de la pure « solidarité ».

Si la science en effet, en étudiant les rapports qui unissent les divers règnes de la vie et en nous représentant la création comme une immense chaîne qui se développe sans solution de continuité du plus petit des êtres jusqu'à l'être le plus parfait, nous démontre qu'il existe entre tous les hommes un lien vivace, une communauté d'origine, de responsabilité et d'intérêts, en un mot une certaine solidarité, il lui est impossible d'en conclure que nous sommes tenus à nous aimer les uns les autres et à nous oublier les uns pour les autres, ce qui est à proprement parler le caractère de la charité.

Car, en même temps qu'elle observe certaines relations entre des êtres issus de la même souche, soumis aux mêmes conditions de vie, naturellement enclins à rapprocher leurs intérêts, elle ne laisse pas de découvrir en eux de nombreuses causes de division et de conflit.

L'univers est un champ de bataille où se rencontrent des forces adverses ; la vie est livrée à une concurrence acharnée : aux plus forts, aux plus habiles, souvent aux plus iniques les premières places ! Quant aux petits et aux faibles, ils sont fatalement condamnés à être dévorés par les gros. Et si, par une recherche persévérante et une sage application de ses découvertes, la science en vient à diminuer l'ardeur de la lutte, à en circonscrire le terrain, à fournir aux belligérants plus de moyens de pactiser et de s'entendre, espère-t-elle pouvoir jamais transformer la nature, équilibrer les éléments rebelles, abolir les passions humaines et réunir tous ces êtres qui d'abord veulent vivre quand même, serait-ce aux dépens du voisin, en une seule famille où régneraient à jamais la concorde et la paix ?

Non, elle a beau s'ingénier, demander à la nature les bases d'un nouvel ordre social, en appeler soit à l'omnipotence de l'Etat qui, brisant toute initiative, réduirait les libertés humaines au plus insupportable des esclavages, soit à la spontanéité de l'individu qui, se dégageant de toute entrave sociale, en serait réduit à la tyrannie de ses instincts et de ses appétits; elle a beau proclamer par l'organe de ses missionnaires laïques, de ses poètes ou de ses romanciers que l'avenir lui appartient, qu'elle se charge de créer la justice et la paix de demain, que l'heure de son règne absolu va sonner dès qu'elle aura renversé les dernières illusions, la foi caduque, les croyances agonisantes d'un siècle qui se reprend à écouter la voix libératrice de la raison, tous ces efforts, toutes ces déclamations ne prouvent rien, n'aboutissent à rien, et loin d'accroître l'union des hommes entre eux, ils ne contribuent qu'à les diviser et qu'à précipiter les unes contre les autres des créatures encore plus avides de jouissance qu'elles ne le sont de liberté et de repos.

Qu'on ne demande donc plus à cette « nouvelle idole », devant laquelle tous ceux qui ne croient plus viennent tromper leur besoin d'adorer, qu'on n'en exige plus ce qu'elle est impuissante à fournir.

Oui certes, elle est belle, elle est féconde, elle est digne de notre admiration et de notre gratitude quand, se parquant dans ses justes limites, elle explique l'ordre des causes et des effets, les rapports des phénomènes, ou quand, appliquant ingénieusement ses trouvailles, elle invente mille moyens d'accroître le bien-être, de faciliter le travail et de vaincre en quelque mesure la brutale domination de l'espace et du temps. Mais là ou elle est ridicule et digne de notre mépris, c'est quand elle se fait forte de pouvoir à elle seule éteindre les haines, apprendre le pardon des injures, exciter la pitié et l'amour désintéressé ; car je la défie, oui, je la défie de faire jaillir de son puissant creuset une seule étincelle de charité !

b) Si la charité ne tient pas dans la science, elle ne tient pas non plus dans la foi. Quoique la foi lui serve de base, quoiqu'elle apparaisse comme sa racine et comme la sève qui l'alimente et renouvelle sa vigueur, elle n'en constitue pas l'essence.

La foi est en effet la libre adhésion de notre intelligence à des vérités qui dépassent son champ visuel, à une doctrine révélée par Dieu, intégralement conservée et infailliblement développée par l'Eglise, et qui, si elle est à beaucoup d'égards une doctrine pratique, apte à régler la vie, en soi, abstraction faite des âmes auxquelles elle s'applique, n'est qu'une somme de vérités théoriques et abstraites. Dans l'assentiment qu'elle comporte, bien qu'une large part revienne à la volonté, le rôle principal incombe à la raison et c'est elle qui, après avoir contrôlé dans la mesure du possible les motifs qu'elle a de se soumettre et apprécié leur valeur, s'incline librement en face du mystère.

Or, vous ne l'ignorez pas, en soi, toute doctrine est intolérante. Elle n'admet pas, elle ne peut pas admettre sur le même pied qu'elle ce qui lui est contraire et ce qui en veut à sa vie. Son intransigeance n'est que l'exercice de son instinct de conservation. Et ce ne sera que dans l'application, quand elle entrera dans la sphère de la vie pour s'y réaliser, que sa souplesse se démontrera et qu'elle pourra, si elle est vraiment la vérité, s'allier sans crainte à la tolérance et à l'amour. Ainsi, si quelqu'un n'avait que la foi théorique, s'il ne faisait que s'incliner librement devant des vérités incompréhensibles à sa raison, fort qu'il serait de l'autorité qui les lui révèle, cela ne le rendrait pas nécessairement charitable, indulgent et apte à pardonner. Cela est si vrai qu'il n'est pas rare de rencontrer des croyants qui ne laissent pas d'être intolérants, peu sociables et peu enclins à se dévouer pour le salut de leurs frères.

Il ne suffit donc pas de posséder quelque vague notion de la Trinité, de l'Incarnation, en un mot du dogme et de la morale évangéliques, il faut encore et surtout être entré dans l'esprit d'une religion qui est une religion fondée, inspirée et entretenue par l'amour, y avoir fait entrer son esprit à soi, son cœur, son âme tout entière et l'avoir sentie pénétrée et transfigurée par le souffle et par la flamme de la charité; il faut, en un mot, non seulement croire chrétiennement, mais encore vivre et agir chrétiennement.

Ils n'ont donc qu'une charité morte et stérile, ces chrétiens qui croient et ne pratiquent plus, et dont la conviction figée dans leur cerveau n'a plus la force de descendre jusqu'à leur cœur; ils n'ont donc qu'une charité tronquée et amoindrie, ces chrétiens qui croient et qui pratiquent mais d'une manière étroite et formaliste, qui font de leur religion une caste où nul ne peut entrer que ceux qui accomplissent les mêmes gestes qu'eux, un cercle clos où aucune aspiration nouvelle, aucun besoin du temps ne peut trouver accès, et qui ne sentent pas que l'âme de leur Eglise, sous le souffle de l'esprit de Dieu, s'étend au delà de son corps pour appeler et pour étreindre dans l'amour les esprits droits et les âmes de bonne volonté.

Et puisqu'on peut avoir la foi sans avoir la charité, il suit donc clairement que la charité ne tient pas dans la foi.

c) Enfin la charité ne se confond pas avec l'aumône, que l'on entende par ce mot le secours pécuniaire offert à l'indigent ou, ce qui est mieux, le secours moral, les soins, les conseils, les consolations prodigués aux malheureux.

L'aumône est l'effet de la charité, son rayonnement, sa manifestation, mais elle n'en constitue pas l'essence.

On peut avoir la charité sans faire l'aumône; exemple : un pauvre dénué de tout et qui aime son frère sans pouvoir aider sa misère, un prisonnier incapable de consoler son semblable et qui pourtant sent son cœur s'élancer vers lui. Bien plus, on peut faire l'aumône sans y être poussé par le véritable amour, ou par crainte, ou par vanité, ou par interêt, ou même par je ne sais quelle pitié toute naturelle et trop naturelle en ce sens qu'on la satisfait plutôt pour soi et pour s'empêcher de souffrir que pour autrui et pour l'empêcher de souffrir.

L'amour-propre et les mobiles les plus vulgaires se glissent souvent jusque dans les actes en apparence le plus désintéressés, et il n'est pas jusqu'à l'égoïsme qui ne pousse l'aveuglement ou l'habileté jusqu'à se parer des dehors de l'amour.

Mais aimer, ce n'est pas donner de ce qui ne vous appartient pas ou de ce dont on n'a que faire. Aimer, c'est donner de soi, de son cœur, de sa vie. Donner de son superflu, sans y rien ajouter, c'est peut-être faire semblant d'aimer, en avoir l'air, ce n'est pas aimer en vérité. Si l'or à lui tout seul peut être l'objet de l'aumône, pour qu'il devienne l'objet de la charité, il faut qu'il soit transmué et divinisé par l'amour.

D'ailleurs, si la charité consistait dans l'aumône,

elle lui serait proportionnée. Or vous savez bien que l'obole de la pauvre veuve a eu plus de prix, au regard de Celui qui tient les justes balances, que la somme d'argent donnée par les pharisiens, et qu'un verre d'eau, offert au nom de Dieu et par amour pour Lui à un de ceux qui portent son image, manifeste plus de charité qu'une fortune entière distribuée aux misérables par je ne sais quel détachement philosophique des biens de ce monde et de ses vanités.

Et ne me reprochez pas de rabaisser l'aumône, et au moment où je viens vous y exhorter de la ravaler à vos yeux, car je vais au contraire vous en démontrer tout le prix et toute la beauté en essayant de vous définir, toujours à la lumière de saint Paul, la vraie nature de la charité chrétienne.

II.

LA CHARITÉ, C'EST L'AMOUR DÉSINTÉRESSÉ.

La charité, en son essence, c'est l'amour, et l'amour désintéressé; c'est-à-dire l'élan de soi, plus que l'élan, le don de soi à autrui, non pas pour soi, mais pour autrui. On peut, en effet, donner de soi, de sa pensée, de son cœur, de sa vie par intérêt, en escomptant ce qu'on y gagnera. Alors c'est un égoïsme que l'on se plaît à ennoblir du titre de l'amour. On peut aussi se dépenser par une affection purement naturelle au profit de ceux qui vous tiennent par les liens du sang ou qui vous sont unis par une certaine communauté de vie, d'aspirations ou d'intérêts. Et alors c'est de l'amour, mais un amour qui est rarement exempt de recherche personnelle et par lequel presque toujours on se poursuit soi-même.

La charité est bien plus et bien mieux que cela. Elle est l'amour de Dieu présent et vivant dans ses créatures. Elle s'adresse à tous les êtres qui, dans une mesure plus ou moins grande, portent en eux son empreinte. Et voilà pourquoi elle ne tombe pas seulement sur ceux qui nous attirent ou qui nous sont utiles, mais sur tous et même sur les plus inconnus et les plus misérables. Ici, plus d'intérêt, plus d'égoïsme; la recherche de l'infini, la tendance à l'universel, le pur élan vers Celui qui, pouvant épuiser l'amour, le transporte hors de lui et le désintéresse de tout ce qui est créé.

La charité, c'est l'exode de l'âme en quête d'infini, c'est l'élan qui l'entraîne irrésistiblement à demander Dieu à toutes ses créatures, à reconnaître en elles ou sa vivante image pour l'y adorer, ou son image effacée pour l'y rétablir; c'est cette étreinte puissante par laquelle elle embrasse tout l'univers, réservant ses prédilections pour les êtres où Dieu se reflète davantage; c'est en un mot le don spontané de soi-même et, s'il le faut, le libre et total sacrifice de soi à Dieu vivant dans son œuvre et aux êtres libres créés pour le posséder et en jouir.

Une telle vertu a bientôt fait d'épurer, d'élargir et de transfigurer le cœur de l'homme, d'y être la source des plus exquises délicatesses et des ardeurs les plus généreuses, en un mot d'y produire des fruits dont la nature à elle seule est incapable et dont le monde étonné se demande quelle est leur racine et où ils peuvent puiser leur sève toujours nouvelle. Voyez plutôt :

L'âme où la charité règne en maîtresse envisage cette vie comme un moyen de se dévouer à autrui, de servir Dieu dans ses créatures les plus humbles et les plus délaissées. Le reste, fortune, beauté, honneurs, que tout cela serve de pâture à l'amour! Alors la jeune fille, belle, instruite, parée de tous les charmes de la nature et prête à recevoir les hommages du monde et l'encens d'une légitime admiration, la jeune fille, consumée par ce feu que le Christ est venu allumer sur la terre, méprise tout; elle quitte tout; elle dit adieu à sa famille, à ses relations, à toutes les espérances que l'on fondait sur son avenir; elle revêt la robe de bure, elle se pare de la blanche cornette, elle cache un nom peut-être glorieux et consacré par l'histoire sous le voile obscur de l'anonymat, et elle se voue corps et âme au service des pauvres vieillards. Elle qui aurait pu être marquise, comtesse, que sais-je encore? devenir une de ces reines d'intelligence et de beauté que le monde admire et qu'il encense, elle est Petite-Sœur-des-Pauvres, petite servante ignorée dont nul, si ce n'est Dieu, ne comprendra la vertu et n'appréciera l'héroïsme. Cet instinct maternel qui est au cœur de toute femme et que le sacrifice, loin d'abolir, fortifie en l'épurant, elle va le satisfaire non pas sur des enfants à elle qui seraient une part de sa chair et de son sang, mais sur des inconnus, sur des êtres qui n'ont avec elle aucun rapport; sur des vieillards misérables, sur des infirmes dont leur impuissance et leur malheur font souvent un objet de rebut. Rude besogne! et pour laquelle il faudra à chaque heure du jour dompter la nature et mater la délicatesse. Mais rien n'arrête l'ange de la charité, ni les exigences des malades, ni les soins les plus vils, ni les détails les plus répugnants, pas même l'ingratitude. L'amour illumine tout, l'amour transfigure tout. Dans ces êtres délaissés, la Petite-Sœur retrouve son Dieu couché sur la croix et lui tendant les bras; elle l'y adore, elle l'y soigne, elle l'y étreint d'un embrassement où passe toute son âme; ou bien, si elle ne l'y rencontre pas, si le péché l'en a chassé, elle travaille à l'y faire rentrer, à purifier l'âme en même temps qu'elle soulage le corps, retardant l'heure de la mort pour mieux préparer celle de l'éternité. Et cela tous les jours, toute une vie, sans repos, sans vacances, sans d'autre distraction que la prière et la persécution.

Et comment ne pas vous admirer et ne pas vous bénir, douces et pures victimes de la charité, chastes épouses de l'amour qui fait des reines de ses épouses? Il n'a voulu vous rien laisser, il vous a dépouillé de tout, il vous a réduit au dénûment le plus complet, et le monde n'a pas compris, cette divine cruauté.

Mais à la place de ce qu'il vous a ôté, il s'est mis, Lui, il est entré en vous, il en a fait son temple, il y tient lieu de tout le reste. Et alors, ce que vous donnez aux petits et aux pauvres, par le miracle de la charité, ce n'est plus vous, ce n'est plus de votre propre cœur impuissant et borné; c'est l'amour infini lui-même, l'amour désintéressé, le Dieu qui réside en vous et déborde et rayonne pour tout purifier et pour tout racheter.

Et si la charité n'aboutit pas toujours à ce renoncement total, à cet oubli héroïque du monde et de soi-même, elle réalise d'autres prodiges.

Elle abolit les distances que les préjugés et la vanité établissent trop fréquemment entre les diverses classes sociales; sans porter atteinte à la hiérarchie qui est la condition de l'ordre et qu'impose la nature, elle étend à tous les degrés de l'échelle le lien qui les rapproche et elle fait communiquer tous les hommes par un échange réciproque de services et d'affection.

Elle fait des riches non pas les ennemis et les exploiteurs des pauvres, mais leurs protecteurs et leurs aumôniers; des savants, les docteurs des ignorants; des grands, les tuteurs des petits. De tous les hommes, quelle que soit leur origine, leur fortune ou leur condition, elle fait une grande famille où tous s'aiment et s'entendent dans la poursuite du même but et dans l'amour du même Dieu.

Et c'est ainsi que je vous vois, Mesdames, vous qui appartenez aux classes les plus importantes par leur influence et leur fortune, vous qui avez reçu en partage, avec les dons naturels de la beauté et de l'intelligence, le privilège d'une noblesse qui vous oblige dans la mesure où elle vous honore, je vous vois, loin de vous enorgueillir de tout cela, le considérer comme un dépôt à vous confié par la Providence, et dont il vous appartient de faire profiter vos frères moins favorisés de la nature. Et vous allez à eux, et vous leur souriez, et vous leur parlez, et vous les consolez, et vous n'hésitez pas à tenir auprès d'eux le rôle d'une mère ou celui d'une sœur. Vos mains fines et délicates ne craignent pas de s'incliner jusqu'à leurs plaies et vos lèvres de se poser avec respect sur leur visage défait par la vieillesse ou miné par la maladie. Et votre voix si douce, où vibre la pitié, sonne à l'oreille de ces déshérités comme un cantique du ciel.

Et cet or, que vous avez hérité de vos pères, loin de le gaspiller en un luxe scandaleux, loin de le prodiguer en fêtes et en plaisirs, vous l'économisez, vous contentant des dépenses qu'exige votre rang, afin d'en déverser le superflu sur ceux qui n'ont à leur actif que la misère et la douleur.

Que dis-je ? vous allez même parfois, — et c'est en cela que vous nous démontrez la merveilleuse puissance de la charité, — vous allez jusqu'à dominer les préjugés du rang et de la naissance, jusqu'à vous priver de ce qui serait pour tant d'autres le nécessaire, vous vêtir plus simplement, vous nourrir plus frugalement, vous loger plus modestement, vous sevrer de tous les plaisirs inutiles, afin de pouvoir faire plus de bien et consoler plus de malheureux. Et ce nom que vous tenez d'une suite d'aïeux et qui est le symbole d'un glorieux passé et comme le certificat de nobles services rendus à la patrie, vous comprenez qu'il ne peut être pour vous qu'une sorte d'encouragement à plus de simplicité et à plus d'amour.

Et vous oubliant vous-mêmes, vous vous faites les humbles servantes de ceux qui n'ont pas de nom au regard du monde ; vous leur prodiguez les gâteries de votre tendresse; vous les traitez en enfants chéris et vous vous élevez par là plus haut que tous les titres qu'accorde l'opinion, par-dessus toute gloire humaine, puisque c'est Dieu en personne que vous servez dans la personne de ses pauvres et puisque c'est son amour qui vit et se démontre en vous.

Telle est la toute-puissance de l'amour désintéressé. Il n'en est pas qui la surpasse, il n'en est pas qui la vaille.

L'amour est plus fort que la haine.

L'amour est plus fort que la mort.

L'amour est plus fort que l'enfer.

Les grandes eaux ne peuvent l'éteindre et les mers ne l'étoufferont pas. C'est l'amour qui féconde et renouvelle tout : la pensée, le travail, la science, l'activité humaine. C'est l'amour qui illumine tout : le doute, le mystère de l'âme et le mystère de l'univers. C'est l'amour qui répare tout : les oublis, les faiblesses, même les crimes. C'est l'amour qui survit à tout : à la douleur, à la vie et à la mort.

Lui seul, il se tiendra debout sur les ruines de tout le reste avec les âmes qu'il aura rachetées et dont il aura assuré la félicité éternelle.

C'est en vain que des êtres de haine et de violence lui en veulent et s'acharnent contre lui ; ils y briseront leurs armes et ils s'y briseront eux-mêmes. Ils peuvent nier et insulter Celui qui a porté la charité du ciel et qui nous l'a donnée de ses deux bras ouverts, étendus sur la croix; le Christ ne cessera de régner dans les âmes et d'être à tout jamais leur maître, leur espérance et leur salut.

Ils peuvent attaquer l'Église qui est la gardienne et le foyer de la charité; l'Église continuera à travers les siècles de tendre aux lèvres avides de l'humanité la source inépuisable où elle tarira sa soif et où elle apaisera son vide.

Ils peuvent persécuter ceux qui ont tout quitté pour devenir les chevaliers servants de la charité et pour la faire descendre comme une rosée divine sur toutes les blessures et sur toutes les plaies; elle ne s'en mettra pas en peine, elle inventera de nouveaux moyens d'accomplir son rôle et d'exercer son ministère. Elle jouit d'une souplesse égale à sa puissance; elle n'est pas obligée de vivre dans les cloîtres et d'envelopper de bure ses adeptes : elle peut fleurir au cœur même de la société; elle peut vibrer et tressaillir sous le vêtement commun à tous; elle vit et travaille déjà au milieu du monde, elle s'y épanouira et y montera davantage, fleur céleste ou plutôt arbre immortel que les plus violentes tempêtes ne parviendront pas à déraciner.

Et la victoire restera à l'amour désintéressé!

Et le dernier acte de ce drame qu'est la vie sera le triomphe et la glorification de la charité.

Quelle scène que celle qui se passera au dernier jour en face de l'univers renouvelé, sur les ruines du mal, en pleine lumière et en pleine résurrection !

L'humanité tout entière est rassemblée sous le regard du Juge. Le Christ portant sa croix, symbole du salut et drapeau de l'amour, fait le départ des bons et des mauvais. Il range à sa droite ceux qui ont mérité les joies éternelles; il refoule à sa gauche ceux qui sont condamnés au vide et à la nuit.

Et s'adressant aux premiers, Il leur dit : « Venez, les bénis de mon Père. J'ai eu faim, et vous « m'avez nourri; j'ai eu soif, et vous m'avez donné « à boire; j'étais nu, et vous m'avez revêtu. »

Et se tournant vers les autres, Il leur dit : « Allez, maudits, au feu éternel. J'ai eu faim, et « vous m'avez refusé le pain; j'ai eu soif, et vous « n'avez pas entendu ma prière; j'étais nu, et « vous m'avez repoussé. »

Et dès lors, Celui qui est la charité même couronnera ses enfants. Ce sera le ciel : plus d'obscurité, plus d'attente, plus d'espérance ni de foi. L'amour seul, éternellement actif et éternellement comblé : *Charitas numquam excidit.*

TREIZIÈME CONFÉRENCE.

La Citoyenne.

Je vous ai parlé jusqu'ici de votre rôle d'épouse, de mère et de chrétienne; il me reste à vous rappeler vos devoirs de citoyennes, car ils sont essentiels, ceux-là aussi, et aujourd'hui plus que jamais il importe de ne les pas passer sous silence.

Après la famille, il est une société plus large, plus générale, faite de la réunion des familles comme le corps du rapprochement des cellules vivantes, organisées par un principe directeur, par une force centrale : c'est la patrie.

La patrie, c'est-à-dire l'ensemble des hommes vivant sur un territoire distinct des autres, détaché d'eux par des luttes séculaires, délimité par des frontières, l'ensemble des hommes parlant une langue commune, héritiers des mêmes souvenirs et des mêmes traditions, soumis enfin à une même autorité, quelle que soit d'ailleurs la forme que revête cette autorité et le titre dont elle se pare.

Notre patrie à nous, c'est la France, parce que nous y sommes nés, parce que nous y avons notre famille et nos intérêts, parce que nous avons hérité de ses traditions et de ses gloires, parce que nous en parlons la langue, parce que nous sommes soumis à ses lois et à l'autorité qui les promulgue. De cette patrie nous avons beaucoup reçu et nous recevons tous les jours. De là le devoir qui nous incombe de lui être reconnaissants, de lui rendre en échange et de travailler pour elle ; en un mot, en même temps que nous profitons et usons de nos droits de citoyens, d'accomplir fidèlement toutes les obligations que ce titre nous impose.

Elles se résument à trois principales :

Connaître notre patrie,
L'aimer,
Et la maintenir.

I.

CONNAÎTRE NOTRE PATRIE.

Et d'abord rien de ce qui l'intéresse ne doit nous rester étranger. Elle date de loin, elle a été peu à peu formée par une lente évolution, par une suite de luttes et de conquêtes, elle a été fixée et maintenue par de vaillants efforts et d'innombrables travaux. Son passé est le nôtre, son histoire est la nôtre; c'est notre patrimoine, et nous avons le droit de la connaître et le devoir de l'admirer.

Mais cette patrie qui est née, qui a grandi et qui a passé, durant le cours des âges, par une série de transformations et de progrès, elle existe en ce moment, elle dure avec nous, et c'est surtout dans son état actuel, dans sa forme moderne qu'il nous faut la prendre et la considérer comme nôtre. Si nous sommes reliés au passé par des liens très étroits, s'il est bon que nous remontions par l'étude de l'histoire nationale et par le souvenir vers les âges écoulés pour y prendre conscience de ce patrimoine de travaux et de gloires que nous ont légué les ancêtres, nous sommes plus spécialement de la société du moment, de notre temps, de notre siècle, et il ne nous servirait de rien de les renier pour nous transporter en arrière et habiter avec des morts qui, pour avoir eu une vie glorieuse, n'en sont pas moins des morts.

Il en est qui s'attachent si fort au passé qu'ils en oublient le présent, comme si c'était là-bas, en arrière, qu'il importait d'agir, de travailler, de faire sa besogne de citoyen et de préparer l'avenir. Le passé est bien passé, Mesdames. Qu'on en parle, qu'on en vive dans ce qu'il a créé de beau, de grand et de durable, qu'on l'admire et qu'on lui conserve un monument dans son cœur, oui; mais qu'on ne s'y enclose pas comme en un cimetière semé de sépulcres illustres, et qu'on aille de l'avant et qu'on se donne tout entier aux besoins et aux exigences de l'heure présente, si noire et si douloureuse qu'elle paraisse : « Laissez les morts enterrer les morts. »

Oui, votre premier devoir de citoyennes et de patriotes est d'être de la société actuelle, de votre siècle, d'en étudier les besoins, d'en partager les nobles aspirations, d'en connaître les faiblesses et les lacunes afin d'y remédier dans la mesure de votre pouvoir, d'être en un mot des femmes d'aujourd'hui et non pas des fossiles, des créatures vivantes et amies du progrès, avides de s'étendre à travers l'espace et le temps.

Et qu'on n'entende pas sortir de vos lèvres ce perpétuel gémissement : Notre siècle est si mauvais et si laid; quel malheur d'être obligé d'y vivre! Qu'il soit beau ou qu'il soit laid, c'est le nôtre. Et d'ailleurs nous en sommes fiers autant que de ceux qui l'ont précédé. S'il a ses défauts et ses lâchetés, s'il est comme tous les autres sujet à des erreurs et à de regrettables excès, faut-il méconnaître tout ce qu'il contient de grand : son ardent besoin de justice, sa soif de liberté, son mépris des privilèges, sa résolution de faire servir les merveilleux progrès de la science à l'élévation et au bien-être de tous, son sens de la solidarité humaine et aussi le courage persévérant qu'il apporte à tout redresser de ce qui menace de crouler et à espérer malgré tout en un meilleur avenir ?

Ces aspirations, ayez-les, vous aussi, cultivez-les, respirez-les dans l'air qui vous entoure. Assimilez-vous ce qu'il y a de juste, de généreux et au fond de chrétien dans les idées et les sentiments de vos contemporains. Ce sera le moyen de vous en rapprocher, de vivre de leur vie, d'être compris par eux et par là de leur faire du bien. Et n'oubliez pas surtout que tous ces gémissements et ces airs pessimistes ne sont pas un moyen d'éducation et qu'il faut relever la volonté de vos enfants en leur montrant le mal à réparer, sans doute, mais aussi le bien auquel ils pourront concourir et les progrès où ils pourront avoir leur part.

Cette société où vous vivez, nous avons dit que vous lui étiez redevables de beaucoup de biens. Non seulement vous participez à son histoire, à son patrimoine de souvenirs, de gloires et de chefs-d'œuvre, mais encore elle vous fournit une multitude d'éléments aptes à étendre votre vie et à achever votre formation. Vous trouvez en son sein des écoles, des livres, des églises, des associations, toutes sortes de facilités pour vous renseigner sur les diverses branches de la science et pour vous tenir au courant de ce qui se passe autour de vous et jusqu'aux confins de l'immense univers. Vous profitez des moyens de communication si rapides qu'elle organise; son armée et sa flotte vous permettent de travailler en paix et d'être en sécurité dans vos frontières; ses relations avec les peuples voisins vous permettent d'entrer en rapport avec eux, d'échanger vos idées avec celles de vos semblables éloignés et de profiter de leurs travaux. En un mot, grâce à elle, vous vivez une vie intense et vraiment sociale qui, dépassant les limites étroites de la famille, s'étend par delà et rayonne jusqu'aux bornes de l'univers connu et ouvert à la civilisation.

Pour tant de bienfaits, dont le simple payement de l'impôt n'est pas une reconnaissance suffisante, vous devez aimer votre patrie jusqu'au dévouement et travailler à la maintenir.

II.

AIMER NOTRE PATRIE.

L'aimer, c'est-à-dire lui réserver le meilleur de son attachement, l'aimer non pas d'une tendresse étroite et exclusive, mais large et éclairée. Il n'est pas indispensable à la perfection du patriotisme qu'il renferme le mépris, voire même la haine des autres nations; au contraire, il sera d'autant plus raisonnable et par là même profond qu'il saura s'allier à l'estime de l'étranger, à une sympathie réelle pour ses qualités et ses ressources.

Être patriote en un mot, ce n'est pas n'en avoir que pour son pays à l'exclusion de tout le reste, mais c'est lui réserver ses préférences et faire passer ses intérêts avant ceux de n'importe quelle autre nation.

Ne vous laissez donc prendre à ce sujet à aucun excès, de quelque titre qu'il se pare ; que les formules et les étiquettes n'aveuglent pas votre bon sens ; tenez-vous-en à la droite raison, ennemie de tout ce qui est exclusif, et ne pensez pas que haïr une moitié du monde soit le meilleur moyen de mieux aimer l'autre moitié.

Cet amour actif que vous porterez à votre pays se démontrera par les services que vous lui rendrez. Vous le servirez en accomplissant tous vos devoirs de citoyennes et en en revendiquant tous les droits.

Si vous n'avez pas encore acquis le droit ou plutôt le devoir de voter, et je ne suis pas de ceux qui vous empêcheront jamais de le revendiquer, vous pouvez du moins user de votre influence sur vos époux et vos enfants, non pas pour leur enlever quoi que ce soit de leur libre initiative, mais pour éclairer leur conscience à ce sujet. Le vote doit être un acte personnel et exempt de toute contrainte, mais rien ne vous empêche de le préparer moralement par l'ascendant que prendront sur les vôtres votre intelligence, votre amour et votre patriotisme ardent et éclairé.

On lit dans la vie d'O'Connel qu'on proposa à un paysan emprisonné par son maître de l'élargir à la condition qu'il voterait contre le défenseur de l'Irlande. Le paysan hésite d'abord, mais la pensée de sa famille dont il est l'unique soutien est plus forte que sa conscience et que sa foi. Mais au moment où il va déposer son vote, sa femme se dresse devant lui et lui crie : « Malheureux, que « vas-tu faire? Souviens-toi de ton âme et de la « liberté! »

Engagez aussi, Mesdames, ceux sur qui vous avez quelque pouvoir à se souvenir en toutes circonstances de leur âme et de la liberté.

Votre devoir de citoyennes consistera aussi à obéir aux lois et à respecter l'autorité reconnue par la nation. Quelle que soit la forme que revête cette autorité, et quelles que soit ses imperfections, quand elle a été acceptée et reconnue par le peuple, il importe, pour le bien commun et l'ordre général, qu'on la respecte et qu'on lui obéisse dans la mesure où ses ordres ne sont pas clairement contraires aux prescriptions de la loi de Dieu. Si toutes les lois que porte un gouvernement ne sont pas à admettre sans examen, s'il peut y en avoir qui, étant clairement iniques, ne sauraient forcer notre adhésion, c'est le devoir de tout bon citoyen de se soumettre librement et d'obtempérer à la volonté générale, en un mot de « rendre à César ce qui est à César ».

Et si un citoyen accomplit tous ses devoirs, il lui en reste un dernier et très important qui consiste à revendiquer tous ses droits, tous, sans exception. Si donc il est victime d'une injustice, s'il est mis pour une raison ou pour une autre hors du droit commun, si on le traite en paria quand on proclame par ailleurs l'égalité pour tous, qu'il proteste, qu'il réclame son droit par tous les moyens légitimes. Et pour cela qu'il ait du caractère, une fière intransigeance et la conscience de son titre de citoyen et de la valeur de ce titre.

Apprenez donc, Mesdames, à connaître vos droits et à les défendre. Allez répétant que tous sont égaux en face de la loi et que ce n'est pas parce qu'on est catholique, ou juif, ou protestant, qu'on doit subir des mesures d'exception et des ordres tyranniques. Réclamez le droit commun, exhortez les autres à exiger la liberté qui leur est due et à la prendre si on la leur refuse.

Enfin, vous n'ignorez pas que le dévouement à la patrie doit aller, quand les circonstances l'exigent, jusqu'au don de la vie, jusqu'à l'effusion du sang. Nombreux sont ceux qui sont morts pour la défendre et qui se sont sacrifiés à ses intérêts supérieurs. Vous y êtes moins exposées, vous autres, puisque votre rôle vous retient au foyer et que le pays n'appelle sous les drapeaux que vos enfants; mais vous devez, pour être à même de le leur inculquer, nourrir dans vos âmes ce dévouement qui ne recule même pas devant l'immolation et le don de la vie. Vous devez, en un mot, être prêtes, s'il le faut et quand il le faudra, à faire le sacrifice de ce que vous aimez le plus au monde pour le salut de votre pays.

Mais tout en étant disposées à cet acte héroïque, vous ne désirez pas, vous haïssez, au contraire, la guerre qui peut vous ravir vos enfants, et combien vous avez raison! car la guerre, malgré les vertus qu'elle a le secret de réveiller parfois dans un peuple, est un mal et un abus dont nous espérons que le progrès des idées et des relations internationales rendront de plus en plus lointaines les fatales échéances. Quoi de plus funeste, en effet, que ces mêlées barbares qui engloutissent les meilleures recrues d'une race et qui frappent la société à la source même de sa vie; quoi de plus lamentable que ces soulèvements d'un peuple contre un peuple pour des raisons futiles, par ambition ou par passion, et qui s'achèvent par l'écrasement de l'un des deux adversaires et par le triomphe brutal de l'autre? Si la guerre est nécessaire quand il s'agit de répondre à d'injustes attaques ou à d'insolentes prétentions, n'est-il pas à souhaiter que les causes qui la font naître deviennent de moins en moins nombreuses et qu'on tende de plus en plus à trancher les différends entre nations non plus à la force du canon, mais par des arbitrages et par la vertu d'un code consenti entre les divers peuples?

Aussi ne faut-il pas que vous représentiez à vos enfants le métier des armes sous un faux jour, et qu'ils s'imaginent qu'un soldat est obligé, de par sa vocation, d'aspirer après le moment où il pourra se battre et se mesurer avec l'ennemi. Ceci n'est plus de mise à une époque où la raison et la justice reprennent de plus en plus leurs droits. Si le soldat doit être généreux et vaillant, audacieux devant le péril, s'il doit vibrer au son du clairon et tressaillir à la vue du drapeau, et si son sang doit être prêt à couler quand en sonnera l'heure, il faut qu'il aime et désire la paix, qu'il travaille à la maintenir et que ses vertus s'exercent en ce sens.

Ainsi, vous façonnerez à vos enfants des âmes de soldats, des âmes larges et bouillantes, taillées pour les actions d'éclat et pour les gestes héroïques, mais vous cultiverez surtout en eux les vertus qui sont la sauvegarde de la paix : la tolérance, la bonté, le respect des ennemis, le pardon des injures; en un mot, vous les formerez par vos exemples et vos leçons à un patriotisme ardent mais éclairé qui désire non pas une France toujours en lutte, l'épée hors du fourreau, mais une France calme et puissante, debout dans la posture de la force et de la paix, marchant noblement dans les sillons du progrès.

III.

MAINTENIR NOTRE PATRIE.

Enfin, il vous appartient, en tant que citoyennes, de maintenir l'esprit national, ce génie fait de bon sens, de droiture et de loyauté qui a fait de la France le pays civilisateur par excellence et qui lui garantit malgré tout une place de choix dans le concert des peuples européens.

Cet esprit menace aujourd'hui de se perdre, envahi par les apports étrangers, détourné de son sens naturel par les excès d'une littérature immonde, menacé par la dislocation des idées d'où il procédait et par la corruption des mœurs. Le Français semble devenir plus égoïste, moins généreux ; il tend davantage à mordre aux illusions et aux mensonges qui auraient jadis révolté son bon sens, à laisser entamer sa tolérance et sa modération par je ne sais quelle pointe de partialité et de parti pris. Son âme est moins vibrante que par le passé ; le feu dont elle était sans cesse consumée semble avoir été recouvert de cendres ; l'esprit utilitaire et le besoin de jouissance menacent de l'emporter sur l'élan chevaleresque, sur le culte de l'idéal, sur cet entrain et cette spontanéité qui étaient la caractéristique de notre peuple.

A vous, Mesdames, de renouveler les vertus qui s'étiolent, d'être des Françaises dans toute l'acception du mot, non pas à demi, mais intégralement, avec toute la puissance de la race.

Pour cela, maintenez en premier lieu la langue, cette langue qui a été le grand instrument de la civilisation mondiale, si simple, si précise, si bien adaptable à toutes les formes de la pensée et à toutes les nuances du sentiment. Étudiez-la à fond afin de la parler telle quelle dans sa pureté et dans sa richesse et afin de la faire parler à vos enfants. Appliquez-vous à corriger de bonne heure tous les défauts et toutes les lacunes de leur élocution ; faites-leur détester les fautes de français, les incorrections et les mauvaises tournures et tout ce qui pourrait atténuer le charme souverain et la valeur de notre langue nationale. Défendez-la contre tous ses ennemis, modernes décadents, poètes incompréhensibles, hommes de théâtre et romanciers qui affublent leurs pauvres idées de je ne sais quel jargon qui ne se ressent que de très loin de la transparence, de la netteté et de la distinction de notre idiome classique. Ne gaspillez pas un temps précieux à lire de pareilles œuvres et que votre bon goût vous en écarte dès les premières pages. Parlez bien, écrivez bien, évitant tout ce qui sent l'argot et le néologisme; ayez toujours des formules claires pour exprimer vos idées et tenez tout particulièrement à garder bien aiguisé et toujours net cet admirable instrument qu'est notre langue et par lequel le monde a été conquis aux grandes idées de justice et de liberté.

En même temps que vous maintiendrez notre langue nationale, vous cultiverez et vous propagerez toutes les vertus qui constituent notre patrimoine et qui ont été de tout temps en honneur sur notre sol; le sens de la mesure et de l'équilibre, l'esprit de tolérance et de pitié, la bravoure et la générosité, le culte du droit, la haine de l'injustice et de la force brutale, autant de caractères que nous admirons dans nos héros, dans nos génies, dans nos saints, dans tous ceux qui ont ajouté un fleuron à la couronne tressée par les siècles au front de notre France.

Et si vous en agissez ainsi, ne redoutez pas l'avenir. Marchez bravement avec l'espoir, je dis plus, avec la certitude du progrès. Ah! certes, ce n'est pas à vous qu'il conviendrait d'être pessimistes et de croire et de répéter, au lieu d'agir : « Nous sommes perdus! nous sommes perdus! »

Il y en a assez qui le disent, en se croisant les bras; vous autres, prouvez-leur le contraire. Nous avons tout ce qu'il faut pour être sauvés, et d'inépuisables ressources nationales et des volontés généreuses qui ne demandent qu'à être entraînées, et le secours de Celui « qui aime les Francs » et qui n'en est pas à sa première preuve de la protection toute spéciale qu'il nous porte.

Il y a dans notre peuple de France, dans les générations qui se lèvent, il y a une réserve immense de droiture, de loyauté, d'aspirations larges et justes, et même de besoins religieux. C'est là qu'il faut chercher la patrie et c'est là qu'il faut courir pour lui offrir nos efforts, nos ressources et notre vie.

Il me souvient d'avoir lu dans les chansons de geste une grande parole : Guillaume d'Orange, n'ayant plus de quoi défendre sa ville assiégée et qui va tomber aux mains de l'ennemi, s'empresse d'implorer le secours de son roi. Il arrive à la cour, épuisé par une longue marche et des fatigues sans nombre. On le reçoit avec mépris.

« Où est le roi? »

Le roi, il s'amuse, il va de fête en fête, de plaisir en plaisir.

« — Sire, dit Guillaume à Louis le Débonnaire, Orange va céder; venez à mon secours!

« — J'ai autre chose à penser, répond le monarque efféminé ; je me dois à ma cour, je me marie demain. »

C'est alors que Guillaume, se redressant de toute sa taille et se tournant vers ceux qui combattaient et qui versaient leur sang, là-bas, sous les remparts de la ville, jeta au roi cette belle parole :

« — Sire, c'est ici qu'est la cour ; c'est là-bas qu'est la France. »

Eh bien ! oui, la vraie France, celle qui doit vivre aimée, respectée et vaillante, elle n'est pas du côté de ceux qui jouissent et qui s'amusent ; elle n'est pas avec les violents qui sèment dans son sein la discorde et la haine, ou avec les utopistes qui bercent la démocratie de dangereuses illusions. La France, elle est avec ceux qui travaillent et qui peinent, avec ceux qui se dévouent et qui croient, avec le peuple qui espère et qui en appelle à la justice, avec la jeunesse qui s'oublie et se consacre toute à la cause de la liberté ; elle est avec vous, femmes de France, avec toutes celles qui vous ressemblent, avec nos mères, nos sœurs, nos filles et nos épouses, qui entretiennent dans nos foyers les antiques vertus et la flamme de la religion, inspiratrice de tous les dévouements.

Et voilà pourquoi nous sommes tranquilles et, malgré les tristesses de l'heure présente et la foudre qui gronde à l'horizon, nous espérons, plus que cela, nous sommes sûrs que si quelque chose se prépare dans ce creuset en fusion qu'est le monde actuel, c'est une société nouvelle, plus forte, plus unie, plus éprise que l'ancienne de progrès, de justice et de liberté, et sur les fondements et au faîte de laquelle vous autres, Mesdames, ou plutôt les enfants que vous avez nourris et élevés à votre image, planteront d'une main sûre et fixeront dans un ciment qui ne cédera plus la croix de Celui qui a fait les nations guérissables et qui prépare à la France de longs siècles de paix, de travail et de liberté !

QUATORZIÈME CONFÉRENCE.

La Citoyenne (*suite*).

L'ASSOCIATION DE NOTRE-DAME-DU-SALUT.

C'est une association de prières et d'œuvres, placée sous le patronage de Marie, Reine du Ciel et Reine de France, et qui a pour but de travailler au salut de notre société; de là son titre : Notre-Dame-du-Salut.

Est-ce à dire, Mesdames, que notre société soit perdue? À Dieu ne plaise! et nous ne sommes pas de ces broyeurs de noir et de ces prophètes de mauvais augure qui s'en vont pleurnichant et répétant à qui veut l'entendre : « Nous sommes perdus! c'en est fait! c'est la fin! » ce qui ne les empêche pas, du reste, de dormir la nuit durant et de se croiser les bras quand il fait jour.

Non, il y a dans notre siècle trop de ressort, trop de croyances latentes, trop de dévouement aussi et trop de charité pour que nous lui fassions cette injure de douter, ne serait-ce qu'un instant, de son relèvement et de son avenir.

Mais nous ne pouvons pas ne pas avouer qu'il se fait beaucoup de mal, et que si notre société n'est pas perdue elle est du moins malade et dangereusement menacée. Ses ennemis sont nombreux et acharnés; il n'en manque pas qui travaillent contre ses intérêts les plus vitaux, et s'il ne tenait qu'à certains qui consciemment ou non sèment la haine, l'irréligion et le vice et ne tendent qu'à tout déchristianiser, c'en serait fait de notre sécurité et de l'avenir sur lequel nous comptons.

Souvenons-nous que les peuples, parce qu'ils sont composés d'êtres libres, sont libres eux aussi, et que si des courants impétueux les poussent souvent aux abîmes, c'est qu'on n'a pas fait ce qu'il fallait faire pour les détourner ou les endiguer.

Notre devoir de Français et de catholiques est donc de travailler à compenser et à réparer le mal trop réel qui s'opère, à étouffer les germes d'athéisme et de discorde que l'on s'acharne à semer parmi nous, à arracher impitoyablement l'ivraie qui menace de dévorer la moisson; en un mot à christianiser de plus en plus notre société, dans toutes ses parties, dans tous ses membres, à commencer par chacun de nous et à continuer par cette masse populaire qui compose la majorité, par cette démocratie dont le Christ était jadis le maître obéi et aimé et qui, à cette heure, est exposée à le renier et à poursuivre, au lieu des sublimes destinées qu'Il lui a promises, je ne sais quels rêves illusoires et quelles pernicieuses utopies.

Et telle est la raison d'être de votre œuvre et tel est le but auquel elle tend par deux principaux moyens dont il importe de vous bien montrer la valeur et l'opportunité : la prière et la moralisation du peuple par l'encouragement et le secours donnés à toutes les œuvres qui ont à cœur de l'instruire, de l'élever et de soulager ses trop réelles misères.

I.

LA PRIÈRE.

La prière doit être à la base de toute œuvre qui veut durer et produire des fruits, car elle est le grand moyen d'obtenir l'aide de Dieu, et vous savez que sans cette aide l'homme est capable de peu de bien. Il reste aux prises avec sa nature déchue, esclave des influences du monde et des exigences de la passion ; il oublie dans la recherche de la jouissance et dans le culte égoïste de soi les intérêts plus généraux et les grandes causes humaines. Au contraire, profite-t-il du secours de Dieu, il devient aussitôt puissant sur soi-même et sur le monde; il sort de lui, il se donne, il va jusqu'à se sacrifier pour le salut de ses frères : « Je puis tout en Celui qui me fortifie. »

Et voilà pourquoi il importe de demander à Dieu le bien social en même temps qu'on prend les moyens de le procurer. Si donc votre prière tend en premier lieu à votre amélioration personnelle et à votre réforme, sans laquelle vous ne jouiriez d'aucune action efficace sur autrui, elle sera aussi dirigée vers le bien général et, à ce titre, elle devra revêtir autant que possible les caractères de la prière publique et collective.

Vous savez de quelle efficacité toute spéciale jouit la prière faite en commun.

« Là où deux ou trois sont réunis en mon nom, dit Notre-Seigneur, je suis au milieu d'eux. » La formule essentielle de l'oraison, celle qui a été fixée par le Maître lui-même revêt ce caractère social. Même quand le chrétien est seul, il ne laisse pas de se considérer comme membre de la famille humaine et de la société universelle fondée par Jésus-Christ. Il dit, en s'adressant à Dieu : « Notre Père. » Quand il invoque la sainte Vierge ou les Saints, il n'intercède pas seulement pour son propre compte mais pour celui de tous : « Priez pour nous, ayez pitié de nous. » Enfin, la grande prière officielle est le sacrifice de la messe où le divin Médiateur s'offre en personne et s'immole en faveur de tous les hommes. C'est un acte qui intéresse à la fois toute l'Église et l'univers entier, où le prêtre exerce un ministère public et où il s'adresse à Dieu, par Jésus-Christ, au nom de tous.

Et c'est pourquoi, Mesdames, vous entrerez dans l'esprit de votre œuvre en devenant de plus en plus les apôtres de la prière sociale, sous toutes ses formes.

Entretenez d'abord ou rétablissez dans vos foyers l'usage de la prière en commun. Réunissez tous les soirs vos enfants et vos domestiques, qui sont eux aussi, au point de vue chrétien surtout, comme une extension de la famille, et après avoir prié le « Père » qui est aux cieux et lui avoir exposé tous vos besoins domestiques, invoquez-le aussi au nom de la société dont la famille est l'élément fondamental et la racine.

Mêlez-vous ensuite le plus possible aux cérémonies du culte public dans vos églises paroissiales, qui sont peut-être le seul lieu où puissent se réunir et se rapprocher fraternellement et sans distinction toutes les classes de la société. Il vous appartient de prendre une part active à l'office divin qui se célèbre pour tous, de vous unir aux cérémonies, de mêler votre voix à celle des prêtres, de participer aux sacrements, d'user en un mot dans nos temples de tous les droits que vous confèrent votre titre de catholique. Quand donc verrons-nous disparaître de nos pieuses assemblées ce respect humain qui arrête la prière sur nos lèvres, qui comprime nos élans et brise notre ferveur, qui répand sur nos réunions je ne sais quelle froideur et quelle gène et qui fait de notre oraison un murmure souvent inintelligible ou une plainte timide quand elle devrait être une affirmation précise et une vibrante parole?

Il faudrait plus que cela encore, il faudrait la prière sociale par excellence, celle par laquelle la nation entière s'adresse à Dieu, représentant de toute autorité, par l'organe de ses délégués attitrés.

Elle existait jadis; elle subsiste encore chez des nations voisines qui n'apportent à la conclusion de leurs affaires et à la gestion de leurs intérêts que plus de sagesse et de constance, après les avoir recommandés à l'éternelle Providence qui tient en main les fils de l'histoire humaine. Mais chez nous, c'est la neutralité qui est en vigueur, comme si la neutralité sur ce sujet était une attitude raisonnable; car, puisqu'il y a partout des religions, que ces religions ne sont pas chose insignifiante et qu'on ne les abolira pas, pas plus qu'on ne détruira dans les âmes le sentiment dont elles sont ou la cause ou l'expression, l'État a-t-il le droit de rester neutre? Et d'ailleurs, la formule catholique du *Pater*, à laquelle pourrait se résoudre la prière nationale, n'est-elle pas compatible avec toutes les nuances et toutes variétés du sentiment religieux?

Travaillez donc à répandre les idées et à susciter les œuvres qui pourront quelque jour rendre possible cette prière sociale, par laquelle devraient s'ouvrir tous les actes importants de la vie nationale et sur le sens et sur la portée de laquelle pourraient facilement s'entendre tous les citoyens raisonnables et impartiaux, fermement convaincus qu'il existe une Providence maîtresse du monde et une justice vivante présidant aux destinées des peuples.

En attendant, encouragez toutes les manifestations religieuses où se rencontrent et s'unissent les masses sociales, en particulier les pèlerinages qui ont reçu, grâce à l'initiative de votre œuvre, un si grand essor et qui ne doivent pas être de purs voyages d'agrément et de curiosité, mais des actes solennels de foi, de pénitence et de charité, qui accroissent, avec l'énergie et l'ardeur pour la réforme de soi, la concorde et l'entente entre chrétiens.

Et que toutes ces prières ne manquent pas de passer par l'intermédiaire de Marie, Reine de France, notre meilleure avocate et notre toute-puissante patronne. Ayons en son secours une inaltérable confiance; appelons-la aux moments les plus critiques; répandons par tous les moyens sa dévotion et son culte. Elle nous a maintes fois démontré sa prédilection; elle est venue souvent sur notre sol; elle y a apparu sous forme visible; elle s'y plaît; elle aime à y opérer des merveilles. Une dame française disait à deux Italiens :

« Vous êtes bien heureux d'avoir chez vous la maison de la sainte Vierge, à Lorette.

« — Sans doute, répondirent-ils; mais la sainte Vierge n'est jamais chez elle, elle est toujours chez vous. »

Oui, nous l'avons et nous la garderons, et nous lui crierons souvent : *Salus nostra in manu tua est*. O Mère, ô Rédemptrice, ô Notre-Dame-du-Salut, notre vie, nos progrès, notre avenir sont dans vos mains. Soutenez-nous, relevez-nous, versez-nous le courage et l'espoir, et obtenez-nous la victoire à l'heure de la tribulation : *Salus nostra in tempore tribulationis*.

II.

LES ŒUVRES.

Le deuxième moyen que votre Association met en avant pour procurer le salut social, c'est la moralisation des ouvriers, la christianisation de la masse ou démocratie, et cela, en soutenant toutes les œuvres de secours et d'assistance : patronages, cercles d'études, maisons de famille, syndicats, et autres.

Et ceci est on ne peut plus opportun et va droit au but, car rien n'importe plus à l'heure présente que d'instruire, d'élever et de soulager le peuple.

Car on s'acharne à le déchristianiser et, par là, à lui ravir la force et la patience qui lui sont si nécessaires pour se résigner à ses épreuves. Rien n'est épargné pour le corrompre. On lui peint la religion sous des couleurs fausses et propres à la faire mépriser et haïr, et on remplace les solides espérances dont elle est la source par je ne sais quelles promesses qui brillent un moment, mais ne jouissent d'aucune consistance.

De là la nécessité de combattre des courants qui menacent de tout renverser de ce qui faisait jusqu'ici l'énergie et la vitalité des générations, d'opposer à ces mensonges les idées saines et chrétiennes, de relever les esprits du côté de la vérité et, par là, de remonter les volontés vers le bien. Mais ce n'est pas en un jour que s'obtiendra ce résultat ; ce n'est pas par la puissance d'un événement imprévu sur lequel tant de naïfs ont le tort de compter et qui transformerait comme par miracle l'âme d'une nation, c'est seulement par un long et persévérant travail d'éducation et de relèvement moral, travail auquel vous coopérerez en soutenant toutes les œuvres de propagande chrétienne, d'assistance et de bienfaisance.

On dit et on répète : Il faut aller au peuple, c'est-à-dire à tous, et surtout à ceux qui sont dans le besoin et qui souffrent. Ceci est bien, mais ce n'est rien de nouveau. Le Christ l'avait dit clairement et il l'avait pratiqué plus clairement encore, et l'Église n'a pas cessé, durant les siècles, de le répéter et de le pratiquer : « Aimez-vous les uns « les autres. Portez mutuellement le fardeau les « uns des autres. On reconnaîtra que vous êtes « mes disciples, si vous vous aimez les uns les « autres. »

Ce sont des paroles qui datent de vingt siècles.

Aller au peuple, c'est donc le simple exercice de ce que nous appelons la charité.

Mais encore faut-il y aller vraiment et non pas seulement en parole, mais en esprit et en vérité.

a) En esprit, d'abord. Et cela veut dire qu'il ne doit y avoir aucune barrière dressée entre vous et vos semblables ; que tous, de quelque condition, de quelque rang ou de quelque fortune qu'ils soient, sont vos frères et ont le droit d'être jugés et estimés à ce titre. Sans doute, il faut une hiérarchie, et ce sera toujours nécessaire pour le maintien de l'ordre et le bon fonctionnement des rouages sociaux, et ce n'est qu'utopie et sottise de croire qu'il sera quelque jour possible d'abolir les inégalités imposées par la nature ou celles qui découlent fatalement de la diversité des facultés et de la division des services et des travaux.

Mais ce qui existe et ne peut pas ne pas exister au point de vue extérieur et pour ainsi dire général ne saurait en rien diminuer chez vous l'esprit d'égalité et de confraternité. Que mon semblable soit cordonnier ou ministre, tapissier ou médecin, épicier ou général, cela ne change rien à sa nature, cela ne l'empêche pas d'être mon frère, d'avoir une âme semblable à la mienne, les mêmes droits fonciers, la même destinée.

Si donc les convenances sociales et le respect d'une hiérarchie nécessaire me font un devoir de montrer à l'égard de celui qui est investi d'une fonction plus haute et par là même plus grosse de responsabilité un degré de plus de considération et de libre subordination, je suis tenu d'accorder à tous, abstraction faite de leur charge et de leurs titres particuliers, la même estime générale et la même respectueuse sympathie. En un mot, et pour être clair, ce n'est pas le costume qu'il porte, ni le rang qu'il occupe, ni le taux de sa fortune, ni l'influence dont il jouit qui doivent entrer en première ligne de compte quand il s'agit du sentiment qui m'incline vers mon prochain, mais c'est sa nature, son âme, son titre d'homme et sa qualité de chrétien. Et même, si je suis vraiment imbu des principes de l'Évangile, je serai plus enclin à l'aimer s'il est plus faible et plus besogneux et si mon affection et ma sollicitude peuvent lui être de plus de secours.

Voilà ce que l'Église et ses ministres ne cessent de proclamer depuis le Christ, et ce qui, malgré tout, n'entre que lentement et difficilement dans les esprits, même dans ceux qui prétendent s'inspirer des maximes chrétiennes.

Oui, Mesdames, pardonnez-moi ma franchise, car elle ne procède que du désir de votre bien.

Vous êtes entièrement de mon avis à ce sujet, et de loin vous pensez comme moi ; mais lorsque vous coudoyez le peuple, l'ouvrier, l'indigent, ceux qui ne sont pas instruits, qui sont mal vêtus et mal nourris, ne vous semble-t-il pas que vous leur êtes en quelque sorte supérieurs, que vous n'êtes pas tout à fait pétries de la même matière, et ne leur faites-vous pas quelquefois sentir cette prétendue supériorité par votre attitude glaciale, votre réserve orgueilleuse ou votre façon hautaine de commander ? Et, en tout cas, si ce n'est pas vous et si vous êtes parvenues à dominer en vous toute apparence de prétention et toute trace de fierté mal placée, il y en a d'autres qui n'en sont pas encore là et qui regardent leurs frères moins fortunés d'un air protecteur et avec plus de condescendance et de pitié que de réelle et franche sympathie. D'autres sont très dévouées envers ceux qui composent leur personnel de domestiques ou d'employés, mais semblent ignorer les intérêts et les besoins de l'immense masse sociale qui s'agite au dehors. Il en est enfin qui sont d'une charité exemplaire au point de vue matériel, qui dépensent sans compter et se répandent en bonnes œuvres, mais qui ne savent pas se départir de certaines manières hautaines par lesquelles elles éloignent plutôt qu'elles n'attirent ceux-là même à qui elles font du bien.

Et voilà ce qu'il faut de plus en plus combattre en nous et chez autrui. Le rapprochement et l'entente des classes ne s'accentueront, en effet, que grâce à la diffusion de cet état d'esprit qui est le seul qui soit raisonnable et chrétien et qui consiste dans la persuasion de l'égalité foncière de tous en présence de Dieu et dans la certitude que ce que les conditions sociales ajoutent à la personne humaine de considération, de fortune et d'honneur n'est que secondaire et doit passer en seconde ligne pour des esprits qui voient juste et qui jugent non pas d'après le mouvement de la passion mais par l'inspiration du sens commun et de l'esprit chrétien.

C'est à la propagation de ces vues qu'il vous

faut travailler chaque jour, si vous voulez sincèrement que ce mot d'ordre : aller au peuple, ne soit pas un vain mot et une invitation sans résultat. Saint Paul vous l'affirme : vous auriez beau posséder toutes les sciences, parler toutes les langues et distribuer aux pauvres tous vos biens, si vous n'avez pas la charité, c'est-à-dire si vous n'êtes pas inspirées par cet esprit d'égalité et d'amour, vous êtes semblables à un airain creux et à une cymbale retentissante.

b) Avec ce jugement droit et éclairé, vous offrirez à l'œuvre du relèvement et de l'éducation de la démocratie le secours de votre générosité et l'appoint de vos aumônes. Peut-être jouissez-vous d'une heureuse aisance que vos pères vous ont acquise par leur travail; tant mieux, mais comprenez que dans ces biens qui vous sont échus une part aussi large que possible doit être faite à ceux qui sont moins fortunés que vous. Si les conditions sont ici-bas si inégalement réparties et si la nature semble parfois agir en marâtre à l'égard de plusieurs, n'est-ce pas aux riches qu'il appartient de corriger l'aveugle injustice du sort et de suppléer, dans la mesure du possible, à ces cruelles inégalités ?

Votre superflu ne saurait donc trouver de meilleur débouché que les œuvres de propagande chrétienne et de bienfaisance.

Et par superflu je veux dire la part de vos ressources qui n'est nécessaire ni à votre subsistance et à la subsistance des vôtres, ni à l'entretien et au placement de vos enfants, ni aux économies que légitime une louable prévoyance, ni enfin à la représentation qu'exige votre condition sociale et le rang que vous êtes forcées de tenir dans le monde.

Aussi bien, quand il s'agit de ce dernier point, ne faudrait-il pas exagérer et croire qu'un certain luxe est indispensable et qu'on ne saurait, en s'en dégageant, obtenir l'influence et la considération. Que de préjugés à ce sujet et quelle légitime fierté ne devriez-vous pas employer à les combattre et à les surmonter! On s'habitue de plus en plus au luxe et on ne sait plus s'en passer : luxe dans la toilette et les ameublements, luxe dans les repas, luxe dans les voyages et dans les réceptions, et ce superflu, qui est la part du pauvre et qui est fait pour fructifier en bonnes œuvres, on le jette en pâture à des besoins factices, à des passions malsaines et on le gaspille dans la recherche de mille futilités.

Je crois qu'il serait temps cependant de donner à tous l'exemple de la simplicité, du désintéressement et du mépris de tout ce qui est vain et inutile. L'heure est trop grave et vos actes peuvent être en ce moment trop gros de conséquences pour que vos esprits, mûris par l'expérience de la vie, s'intéressent encore à de simples détails de toilette et d'ornementation. Des questions plus vitales réclament votre attention et votre sollicitude. Votre recherche, votre goût, votre amour doivent aller non pas vers ce qui est mort et purement artificiel, mais vers ce qui vit et souffre, aux âmes, aux petits, aux pauvres, à tous ceux qui ont besoin de lumière, de secours et de tendresse.

Vous n'imiterez pas cette héroïne d'Ibsen à qui l'on demandait : « Voulez-vous une âme ? » et qui répondait : « Je préfère un bijou. »

Ce que vous voulez acheter, n'est-ce pas, par vos efforts, par vos prières, par vos aumônes et par vos sacrifices, ce ne sont pas de vaines parures et de fades ornements, mais les âmes qui souffrent et qui se perdent, les âmes des vôtres d'abord et puis les âmes de tous.

Et c'est ce que vous ferez, Mesdames, en soutenant de plus en plus l'œuvre de Notre-Dame-du-Salut et en lui permettant ainsi de multiplier ses secours aux différentes œuvres chrétiennes et, en particulier, à celles qui ont pour but l'éducation et la préservation de la jeunesse.

Prêtez enfin à ces œuvres un concours aussi actif que possible. Il en est, telles que les catéchismes, les conférences, les visites des pauvres, les sociétés de secours, auxquelles vous pouvez participer, non seulement en les soutenant de vos largesses, mais encore en en devenant les membres actifs.

Et, dans tous les cas, vous pouvez pousser vos époux, vos frères, vos enfants surtout, vers ces œuvres et les préparer de bonne heure à s'y intéresser et à y concourir.

Pour cela, développez en eux le sens social, l'esprit de solidarité et de justice, et surtout la charité, la pitié, l'amour des petits et des malheureux. Ne les élevez pas, comme trop de vos semblables le font, en égoïstes, toujours occupés d'eux-mêmes, de leurs plaisirs, de leurs aises, incapables de s'oublier un moment et de se sacrifier pour autrui.

Apprenez-leur, par vos exemples et vos leçons, à rayonner hors de leur étroite personnalité, à s'intéresser à tous les besoins et à toutes les misères et à en devenir les servants et les chevaliers.

Il nous faut plus que jamais une jeunesse qui ait le sens de la solidarité et de la justice sociale, et aussi l'audace de l'apostolat. Nous avons trop de ces rêveurs, de ces êtres vagues et sans caractère, qui bavardent ou qui écrivaillent mais qui n'ont aucune force pour agir, pour mettre la main à la tâche sociale et pour tenir le glaive contre les préjugés du monde.

Faites-nous donc, Mesdames, mères d'aujourd'hui et mères de demain, faites-nous une jeunesse vivante, vaillante et hardie, prête à tout oser et à tout affronter pour susciter dans notre société plus d'égalité, plus de justice et plus d'amour, une jeunesse semblable à celle que vous voyez dans le « *Sillon* » — encore une œuvre très opportune qui réclame votre concours — et qui a déjà essaimé, à travers toutes les parties de la France, des cohortes de jeunes catholiques imbus du véritable esprit du Christ et du sens de la vraie fraternité chrétienne.

Telle est, Mesdames, votre mission de catholiques et de Françaises. Employez à la bien remplir tout votre cœur, et vous verrez que la justice reprendra ses droits dans notre société et que la charité qui l'a déjà renouvelée et transformée continuera à y produire et à y multiplier ses fruits.

Pour qui sait y regarder de près, en effet, le progrès de la pitié en ce siècle et l'intérêt toujours croissant que l'on porte aux déshérités ne vient-il pas de la diffusion de l'Évangile et des exemples vainqueurs du Christ et de ses disciples? Si Jésus n'avait pas crié : « Aimez-vous les uns les autres », si l'Église ne l'avait pas répété sans cesse et n'avait pas envoyé des milliers et des milliers d'apôtres chargés de le répéter en tous temps et en tous lieux, si les principes de l'Évangile n'avaient pas peu à peu pénétré dans l'esprit et dans le cœur de l'humanité et n'avaient pas transformé, sans qu'on s'en doute, la pensée générale, l'opinion universelle, croyez-vous que l'on en serait où l'on en est, qu'on s'apitoierait comme on le fait sur des maux devant lesquels on fermait si facilement les yeux, et qu'on aurait tant à cœur de remédier aux misères sociales et d'élever, par des lois plus justes et aussi par toutes les inventions d'une science éclairée par l'amour, à plus de bien-être et à plus de prospérité, toutes les conditions sociales?

Oui, ne vous y trompez pas, c'est l'Évangile, c'est la charité prêchée par le Christ et entretenue par l'Église qui est au fond de toutes les nobles aspirations et de tous les progrès de la société moderne et qui la travaille sourdement, tel un ferment de vie. C'est le levain incorruptible, incoercible et immortel qui est entré, depuis vingt siècles, aux veines du corps social; il y agit, il y bouillonne; il est prêt à y faire éclater l'épaisse couche qui l'empêche de se répandre et de tout purifier. Et les hommes ont beau s'élever contre une religion qu'ils ne comprennent pas ou qui les gêne parce qu'elle contredit leurs passions, ils ont beau la traquer et s'ingénier à la détruire, ils luttent contre une réalité invincible, et ils seront bien forcés de reconnaître un jour qu'ils ne l'ont pas même entamée. Ce qu'ils démolissent, ce qu'ils mettent à bas par leurs fureurs, ce sont des formes caduques, des institutions d'un jour; mais l'amour apporté par le Christ et jeté brûlant sur la terre, l'amour qui est esprit et vie, n'ayez crainte qu'ils soient assez forts pour l'atteindre et qu'ils puissent jamais en atténuer la vigueur, en comprimer les élans et en étouffer la fécondité.

Il travaille contre eux et malgré eux, et sur les ruines que ces aveugles amoncellent, il se prépare à bâtir à nouveau, plus durable et plus grand, et à inventer, pour d'autres besoins et d'autres temps, de nouvelles formes de vie, de nouvelles institutions de bienfaisance et de secours et des moules nouveaux où, trempant ses adeptes, il en fera des apôtres et des saints à la taille des siècles qui s'élaborent dans le travail, les angoisses, les passions et les attentes de notre société contemporaine.

TABLE DES MATIÈRES

Toulouse, Imp. DOULADOURE-PRIVAT, rue St-Rome, 39. - 2811

www.ingramcontent.com/pod-product-compliance
Ingram Content Group UK Ltd.
Pitfield, Milton Keynes, MK11 3LW, UK
UKHW020317230726
13925UKWH00002B/476